JOS

POR LOS CAMINOS DE EUROPA

BREVE BIOGRAFÍA DE JOSÉ MARÍA HERNÁNDEZ GARNICA

PALABRA

1ª edición, marzo 2004

Colección: Folletos mc
Director de la colección: Jesús Urteaga
Coordinador de la colección: Darío Chimeno

Paseo de la Castellana, 210 - 28046 MADRID (España)

I.S.B.N.: 84-8239-820-2
Depósito Legal: M. 2.003-2004
Impresión: Gráficas Anzos, S.L.
Printed in Spain - Impreso en España

Índice

En 1972 San Josemaría Escrivá envió a los fieles del Opus Dei una cariñosa felicitación con motivo de las Navidades. En su carta, mencionaba a José María Hernández Garnica, recientemente fallecido, pidiendo sufragios por su alma. En abril de ese año, con ocasión de un viaje rápido a Pamplona, el Fundador de la Obra pudo ver a don José María en el Colegio Mayor Aralar. Al saludarle, le dijo con buen humor, animándole: «Chiqui, te he hecho correr por medio mundo, te he mandado a trabajar a Inglaterra una porción de años, y lo has hecho muy bien; luego has danzado por Irlanda, y por Francia, Alemania, Suiza, Bélgica, Holanda... De todos los sitios recibo preguntas sobre tu salud»*.

José María, después de una vida de fidelidad a la voluntad de Dios, había muerto tras una larga y dolorosa enfermedad. El mismo día en que le llegó la noticia del fallecimiento de Chiqui, como se le llamaba familiarmente, el Fundador del Opus Dei rezó un responso y celebró la Santa Misa en sufragio por su alma, con la clara convicción de que estaba en la compañía de Dios. Enseguida aconsejó a los que le rodeaban que se encomendaran a él.

* Las notas se encuentran a partir de la pág. 87.

Unos meses antes de su muerte habían estado juntos, por última vez, en Barcelona, durante un viaje apostólico de San Josemaría a la Ciudad Condal. Allí, ambos presintieron que no se verían más, pero los dos disimularon. Al terminar el encuentro, San Josemaría Escrivá comentó a un grupo de personas de la Obra: «Hoy he estado con un hermano vuestro... Tengo que hacer unos esfuerzos muy grandes para no llorar, porque os quiero con todo el corazón (...). Hace unos meses que no le había visto. Me ha parecido un cadáver ya... Ha trabajado mucho y con mucho amor. Quizá el Señor ha decidido darle ahora, ya, la gloria del Cielo»[2].

Desde 1935, año en que José María se incorporó al Opus Dei, trató de identificarse con lo que Dios le pedía. A partir de 1957 recorrió diversos países de Europa, bajo el impulso de San Josemaría, para llevar la semilla de la Obra a personas de toda clase y condición, en Inglaterra, Irlanda, Francia, Bélgica, Holanda, Suiza, Austria y Alemania.

Después de la canonización del Fundador del Opus Dei, realizada por Juan Pablo II el 6 de octubre de 2002, cobra especial relieve la vida de tantos hombres y mujeres que se han santificado siguiendo su ejemplo y sus enseñanzas. En la homilía de ese día dijo el Santo Padre: «El trabajo y cualquier otra actividad, llevada a cabo con la ayuda de la Gracia, se convierten en medios de santificación cotidiana. (...) Siguiendo sus huellas, difundid en la sociedad, sin distinción de raza, clase, cultura o edad, la conciencia de que todos estamos llamados a la santidad».

En estas líneas nos acercaremos a la figura de José María Hernández Garnica. En su existencia descubriremos la apasionante aventura de la santidad en la vida ordinaria y, seguramente, aprenderemos a fortalecer nuestro esfuerzo por cumplir la voluntad de Dios día a día.

José Carlos Martín de la Hoz (*)

(*) José Carlos Martín de la Hoz es licenciado en Ciencias Geológicas y Doctor en Teología. Sacerdote de la Prelatura del Opus Dei. Miembro de la Academia de Historia Eclesiástica de Sevilla y Valencia, de las que ha sido Secretario General. Autor de numerosos trabajos de investigación en temas de Historia de la Iglesia y de la Teología, especialmente del siglo XVI. Actualmente trabaja en la Oficina de las causas de los santos de la Prelatura del Opus Dei en España. Es el Postulador de la Causa de Canonización de D. José María Hernández Garnica.

I. Nacimiento y juventud

José María Hernández Garnica nació en Madrid el 17 de noviembre de 1913, en el seno de una familia cristiana. Su padre, José María Hernández Delás, había nacido en Valencia en 1871 y era Ingeniero de Caminos. Trabajó en la empresa Electra de la capital de España, hasta que en 1920 ascendió a Inspector del Cuerpo de Ingenieros. Desde 1929, perteneció al Consejo de Obras Públicas del Ministerio de Fomento. Falleció en 1934. Su madre era Adela Garnica Echevarría, mujer de categoría humana y cristiana, dotada de una gran fortaleza de carácter, que transmitió a sus hijos. Nació en Madrid en 1873 y falleció en 1964, a los 91 años. Se casaron el 10 de abril de 1899 en el Palacio episcopal de Madrid y bendijo su boda Mons. José María de Cos, Obispo de Madrid.

Sus padres gozaron de buena posición social y dieron una esmerada educación a sus hijos. Vivieron en Madrid, en la calle Recoletos número 10, 3º izquierda, esquina a la calle Villalar. Posteriormente, se trasladaron a Claudio Coello número 23 y, finalmente, a Conde de Aranda nº 14. Además de

José María, que era el menor, tuvieron otros cinco hijos: Adela (fallecida al poco de nacer), María de la Concepción, Fernando, María de las Mercedes y María.

A los cuatro días de su nacimiento, José María fue bautizado en la parroquia de San José. Se le pusieron los nombres de José María, Augusto y Gregorio. Sus padrinos fueron su tío, Joaquín Hernández Delás, y la esposa de este, María Núñez. Fue confirmado, como era costumbre en la época, con cinco años, en la capilla de Loreto. Y recibió la primera Comunión en 1921 en la Parroquia de la Concepción, en la calle Goya, con sus compañeros de Colegio.

En 1923 inició el bachillerato en el Colegio del Pilar, de los Hermanos Marianistas, donde permaneció hasta obtener el título de bachiller en Ciencias en julio de 1929. Como había otro estudiante que se apellidaba Hernández Corredor, le empezaron a denominar Chiqui Garnica. Sus compañeros le recordaban como un alumno bien dotado, sencillo, confiado, constante, aunque rebelde. De aquella época queda también el recuerdo de su nerviosismo ante los exámenes orales[3].

Aunque era de natural un poco tímido, tenía muchos amigos, con los que hacía deporte, jugaba, compartía las pequeñas y grandes aventuras de la infancia y juventud.

Era sobrino de Pablo Garnica Echevarría (1876-1959), una de las personalidades importantes de la economía española de la primera mitad del siglo XX. Su padre viajaba con frecuencia a Alemania, por su condición de Ingeniero de la Empresa de Electricidad de Madrid y, después, como miembro del Consejo de Obras Públicas del Ministerio de Fomento. Quería que sus hijos aprendieran alemán. Chiqui le convenció de que era mejor aprender inglés, aunque no dejó de recibir clases de alemán, con sus hermanas.

Terminado brillantemente el bachillerato, decidió estudiar Ingeniería de Minas. Su padre, Ingeniero de Caminos, pudo influir en su decisión, pero también su tío Pablo, que tenía intereses en el campo de la minería en Almería y su primo Gabriel, quien ya había iniciado esos estudios.

Empezó entonces a preparar el difícil ingreso en la Escuela de Ingenieros de Minas, que contaba con plazas limitadas. Como era habitual, acudió a una Academia especializada en estas materias. Por fin, tantas horas de estudio y clases dieron su fruto. En septiembre de 1932, superados los exámenes de ingreso, presentó una instancia para ser admitido en la Escuela de Ingenieros de Minas[4].

Como recordaba años después, en el último examen se encontró con Álvaro del Portillo, que tenía un año menos que él y a quien ya conocía del Colegio del Pilar y de sus juegos de infancia en la calle Conde de Aranda de Madrid, donde ambos vivían. Álvaro se presentó simultáneamente a Minas y a Caminos[5].

En la Escuela de Minas, hizo muchos amigos y se aplicó a los estudios con seriedad. Superó las asignaturas en la convocatoria ordinaria de junio. Sus calificaciones le colocaron entre los mejores del curso. El primer año (32/33) terminó con el nº 4 de la promoción y la calificación de Bueno. En el segundo curso siguió en el nº 4 y en el tercero pasó al nº 3. En cuarto (35/36), que fue el último antes de la guerra civil española, obtuvo el nº 2 y la calificación de Muy bueno. Después de la guerra, en el curso de 1939 a marzo de 1940, terminó la carrera con el nº 3 y la calificación de Muy bueno. Tenía especial afición a la Geología y, poco después, obtuvo la Licenciatura en Ciencias Naturales[6].

Siempre será «de ciencias», aunque su amplia cultura y la necesidad le llevarían por otros caminos en la vida. Como recuerda Adolfo Llorente, que le trató en los últimos meses de su vida: «**Esa firmeza de carácter, junto a su simpatía y al espíritu de servicio del que hacía gala continuamente, hacían de él un hombre agradable y atrayente; al mismo tiempo, era muy ocurrente y divertido, por lo que se estaba muy a gusto y resultaba sumamente grata la vida en familia con él. A ello contribuía también su aguda inteligencia y vasta cultura, con conocimientos que superaban ampliamente su ámbito profesional y se extendían a materias muy diversas: ingeniería, ciencias naturales, arte y literatura**»[7].

No era muy deportista, aunque tenía afición al fútbol. En 1926, a la salida de un estadio, tuvo una caída, y como consecuencia se le atrofió un riñón[8], que le sería finalmente extirpado en 1940.

Pasaba los veranos en Noja, Santander, donde muchos miembros de la familia tenían casa. En la de su tío Pablo Garnica, la Casona, había una amplia capilla, donde cabían todos, incluidos tíos y primos. En Noja lo pasaba muy bien, pues le gustaba mucho dar grandes paseos, especialmente a la orilla del mar. Era tímido y se le recuerda callado y observador. El contacto con la naturaleza, y con aquel ambiente, debieron de influir también en su elección de carrera; era muy amante del campo, del aire libre.

En una de esas temporadas, el 28 de agosto de 1934, el padre de José María se puso muy enfermo. Le trasladaron, con grandes dolores, al hospital Marqués de Valdecilla de la capital cántabra. Murió a las pocas horas, a causa de una peritonitis. Este fallecimiento inesperado le supuso un duro golpe, le dio que pensar y le llevó a replantearse el sentido de su existencia y la necesidad de estar más cerca de Dios. Hasta entonces, su vida espiritual era la normal entre los jóvenes católicos de la época: algunas oraciones a lo largo del día y la asistencia a la Misa dominical con sus padres. Como muchos alumnos del Pilar, perteneció a la Congregación mariana del Colegio.

Había terminado segundo curso en la Escuela de Minas y ese otoño conocerá al Fundador del Opus Dei. Dios encauzará, a través de ese espíritu, los deseos de conversión y de mejora espiritual que habían brotado en su interior con ocasión de la muerte de su padre.

II. Descubrimiento de la llamada de Dios

Poco tiempo después de perder a su padre, de vuelta en Madrid, José María fue invitado a visitar la Residencia DYA por Mateo Azúa[9], compañero de la Escuela de Minas.

DYA era una iniciativa planteada por San Josemaría Escrivá, para impulsar la labor apostólica con universitarios y mejorar la formación de los primeros fieles del Opus Dei. Las siglas significaban Derecho y Arquitectura, pero para el Fundador y los que le seguían tenían un sentido más hondo: Dios y Audacia[10]. Allí se estudiaba, se impartían cursos de formación cristiana y se impulsaba a los jóvenes a santificar el trabajo y a crecer en amor a Dios.

Así, en otoño de 1934, José María Hernández Garnica conoció el Opus Dei y a su Fundador. Nada más llegar a la casa, San Josemaría le saludó y le dijo: «¡Hombre, Chiqui, muy bien! Ten, coge este martillo y unos clavos y, ¡hala!, a clavar allá arriba»[11]. El gesto ganó a José María y, desde ese instante, se sintió muy bien acogido, como en su casa, haciendo un arreglo doméstico.

A partir de aquel día, comenzó a tener dirección espiritual con el Padre –así llamaban al Fundador del Opus Dei– y frecuentó los medios de formación cristiana que se impartían en la Residencia.

Sus conversaciones con San Josemaría, los ratos de oración, las horas de estudio y el trato con los otros estudiantes que frecuentaban DYA, fueron calando en su alma. Años más tarde escribió una meditación, en la que rememoraba los primeros meses en la Residencia de la calle Ferraz: «Había nacido en una familia cristiana y había recibido la educación complementaria en un colegio dirigido por religiosos. Cuando ya tenía 20 años fui por primera vez por la Residencia de estudiantes de la Obra, allí pude descubrir un mundo nuevo –y no me refiero a la vocación al Opus Dei–, que era sacar sentido a la vocación y a las virtudes cristianas, aprender a tratar con Dios hasta alcanzar el concepto de hijo de Dios. Y en todo ello un lento, pero constante, ascender en las virtudes cristianas. (...) Es decir, que aprendimos (...) el trato con Dios –el hablar con Dios–, el conocer la amorosa Providencia divina que nos llevaba a la filiación divina, el sentido sobrenatural del trabajo, que daba un sentido cristiano completo a nuestra vida. Y todo ello respirando un aire de amistad que nos enseñaba a ser humildes, desconfiando de nosotros mismos, pero que abría un panorama al descubrir la alegría del dar»[12].

En estas sencillas palabras autobiográficas, Chiqui resumió la formación personal que se impartía en la Academia DYA. El clima de serenidad y exigencia en el estudio, era un remanso de paz[13] en una sociedad que se iba alterando[14]: en 1935 se sucedían huelgas, movimientos estudiantiles, desórdenes, altercados en las calles...

Le gustaron especialmente el ambiente de alegría que se respiraba en la Residencia y el respeto a las opiniones de los demás. A lo largo de su vida recordó muchas veces que San Josemaría hizo que se pusieran en un cuadro las palabras del Mandamiento del Amor[15], tomadas de San Juan. De ese modo se metía en las almas de aquellos estudiantes la necesidad de quererse y de comprender los puntos de vista ajenos[16].

Iba profundizando en su vida espiritual con las prácticas de piedad que le indicaba San Josemaría. Aprendió a hacer el ofrecimiento de obras y a luchar por tener presencia de Dios durante el día. Rezaba el Rosario, y hacía un buen rato de oración mental por la mañana y por la tarde. Incorporó a su vida pequeñas mortificaciones habituales, así como pequeñas penitencias corporales. Muchas veces le costaba esfuerzo, pero no le faltaban la reciedumbre y la generosidad necesarias para cumplirlas. Así, para asistir a la Santa Misa, debía madrugar mucho y recorrer cierta distancia. Acudía diariamente a las siete de la mañana, a la Iglesia del Cristo de la Salud, en la calle Ayala, y luego iba a las clases de la Escuela de Minas, situada en Ríos Rosas.

El plan de vida que le iba indicando San Josemaría le ayudaba a encontrar a Dios en medio de las tareas cotidianas.

La vida de José María discurría serenamente en ese clima de oración y formación, de alegría y de intenso trabajo. Poco a poco, Dios fue entrando con más intensidad en su alma, hasta que descubrió que le pedía la entrega de su vida entera en el Opus Dei. Aquel chico bien trajeado, con cuello duro, de elegantes maneras, que hablaba más con la mirada que con las palabras[17] decidió responder a la llamada de Dios el 28 de julio de 1935.

De los últimos días antes de incorporarse a la Obra, recordaba la vibración apostólica de Álvaro del Portillo, quien había dado ya ese paso el 7 de julio de ese año: «Delante del pequeño grabado de Cristo en la barca con los apóstoles, con el texto de San Marcos capítulo 1, versículo 16[18] escrito de puño y letra del Padre, él hacía comentarios *ad hoc* para que me decidiera a servir a Dios»[19]. Álvaro del Portillo vivía también en la calle Conde de Aranda y volverían por la noche a sus casas muchas veces juntos. Toda su vida guardará en el alma el agradecimiento y la veneración por don Álvaro, a quien consideró ejemplo de santidad y entrega en el Opus Dei.

Desde entonces aumentó la preocupación apostólica por sus amigos. Como recordaba Pedro Casciaro, uno de los primeros fieles de la Obra: «El Padre aludía, en aquellas charlas, al *fuego del amor de Dios*; nos decía que teníamos que pegar este fuego a todas las almas con nuestro ejemplo y nuestra palabra, sin respetos humanos; y nos preguntaba si no tendríamos entre nuestros amigos algunos que pudieran entender la labor de formación que se llevaba a cabo en la Residencia»[20]. Chiqui era uno más entre los que acudían a la residencia de Ferraz, e invitaba a sus amigos para que recibieran formación cristiana. Con su buen humor y sus frases castizas madrileñas, hacía reír a todos.

El clima de violencia que caracterizó la preguerra civil se acentuó en los primeros meses del nuevo año. Tras las elecciones de febrero de 1936, que ganó el Frente Popular, se multiplicaron las huelgas y los enfrentamientos callejeros. En ese ambiente, lejos de paralizar la vida de la Residencia, el Fundador les animaba a seguir santificando el trabajo ordinario y a realizar un intenso apostolado personal.

La responsabilidad de ser de los primeros era algo que le espoleó siempre la conciencia, para vivir con fidelidad los compromisos que había adquirido. Por otra parte estuvo siempre agradecido a Dios de haber aprendido directamente el espíritu del Opus Dei de labios de su Fundador. Así lo escribió años más tarde: «hemos podido conocer el espíritu nuestro con la convivencia con el Padre. Disfrutando de las primicias que la acción del Espíritu Santo ha ido poniendo en su alma. Supo formar a la gente, fomentar y desarrollar nuestra personalidad, darnos seguridad en la vocación y hacernos ver en él, más que un director o un guía, a un auténtico

Padre que nos llevaba a amar a Dios y a su Iglesia, a pesar de nuestra torpeza y nuestras infidelidades, teniendo una fe en el Padre que era nuestro camino y nuestra luz en la vida»[21].

Chiqui enseguida descubrió, y agradeció toda su vida, el espíritu de familia que se vivía en el Opus Dei desde el comienzo. San Josemaría reunía a los primeros que se acercaron a él, en casa de su madre, después en la Academia DYA, o en Ferraz. Siempre desde la decoración hasta el modo de formarlos rezumaba un intenso calor de hogar, familiar y sencillo. Lo recordaba años después: «Dios hubiera podido llamarnos a servirle en esta vida contemplativa en medio del mundo y para difundirlo entre todas las gentes y darnos las gracias y la formación para cumplir nuestro fin sin habernos dado tantas compensaciones. Por ejemplo, este pertenecer a una auténtica familia, donde se quiere y se nota constantemente el ser querido»[22]. En las tertulias de los domingos a la hora de la merienda y en otros muchos momentos, San Josemaría aprovechaba, en un clima de cariño mutuo, para abrir los horizontes apostólicos de aquellos primeros y para darles una intensa formación espiritual[23].

Cuando llegó el final de curso en 1936, José María realizaba el servicio militar. Disfrutaba durante junio y julio de un permiso –que se daba fácilmente– para realizar sus exámenes de 4ª curso y los viajes de prácticas[24]. Por otra parte, Chiqui estaba a las órdenes del coronel Gallego, amigo de la familia[25].

Aquellos días calurosos del mes de junio, políticamente agitados, eran de especial trajín en DYA. Se estaban trasladando desde Ferraz 50 a Ferraz 16, a un chalet donde se dispondría de más espacio para la labor. El día 13 de julio, concluyó la mudanza; quedaba solo ultimar la instalación de la nueva casa. Ese día se conoció el asesinato de Calvo Sotelo, importante político de la oposición. El 18 de julio estalló el levantamiento militar, que en Madrid tuvo especial incidencia en el Cuartel de la Montaña, situado enfrente de la Residencia. Pero ellos pasaron el día trabajando y pendientes de las noticias; al caer la tarde, San Josemaría envió a sus casas a todos, con el ruego de que llamasen por teléfono para confirmar que habían llegado. Con él se quedaron José María González Barredo e Isidoro Zorzano, los dos mayores.

El día 19 siguieron poniendo cuadros y lámparas. El Fundador del Opus Dei les dirigió la meditación. Esa tarde, al regresar a sus casas, tuvieron que sortear varios controles[26]. Mientras, el Gobierno había armado a las milicias populares y se preparaba el asalto del Cuartel de la Montaña. Aquella noche se cruzaron disparos y al día siguiente fue tomado el Cuartel. San Josemaría abandonó la Residencia, vestido con un mono que usaba Chiqui para los arreglos.

Había empezado la guerra civil española, que se prolongaría durante casi tres años.

III. LA GUERRA CIVIL ESPAÑOLA

Al estallar la guerra, Chiqui no se incorporó a su regimiento, que se había unido a la sublevación militar, sino que se ocultó en casa de su tío Pablo Garnica, en la calle Jorge Juan 5. Allí estuvo con su hermano Fernando y varios primos suyos: Pepe Garnica, Manolín Morales y Ricardo Garnica, todos ellos en edad militar. Se escondieron para no ser reclutados por el ejército republicano. La situación de Chiqui era más grave, pues estaba ya incorporado a filas, y podía ser considerado desertor. Al poco tiempo, los milicianos registraron la casa y se incautaron del piso. Chiqui y los demás refugiados pudieron huir por el jardín interior del edificio y alcanzar la calle Goya donde se dispersaron[27].

Desde los primeros días de la guerra comenzaron los registros domiciliarios. Primero por la aparición de francotiradores[28] y después buscando a los enemigos de la causa o amigos de los insurrectos. Al mismo tiempo se intensificó una cruel persecución religiosa, inspirada por un odio furioso, superior a lo conocido hasta entonces. El furor de las masas se dirigió inicialmente contra la Iglesia:

los sacerdotes y religiosos fueron perseguidos y asesinados, las iglesias y conventos incendiados y destruidos[29].

José María se refugió entonces en casa de su madre, en la calle Conde de Aranda. En una de sus escasas salidas tuvo la suerte de encontrar a Álvaro del Portillo en la calle. Chiqui estaba nervioso y desconcertado ante la situación. Álvaro le orientó y fortaleció sus convicciones. Toda su vida recordó José María aquella conversación y otras que tendría luego en la cárcel de San Antón, donde coincidieron en diciembre y enero siguientes[30].

En los primeros días de octubre, consiguió recuperar el contacto con el Fundador de la Obra y desahogar su alma[31]. Pero José María fue delatado, poco después, por el portero de la finca[32]: detenido el 10 de noviembre de 1936, ingresó en la Cárcel Modelo.

Acusado de desafección al régimen, fue condenado a muerte, a finales de noviembre por un tribunal popular. José María pasó a la prisión de San Antón[33]. Fueron días de enorme tensión. Se sacaba de la cárcel a la gente de modo indiscriminado para fusilarla: Chiqui vio la muerte muy cercana[34].

El 27 de noviembre se le incluyó en una de las sacas de presos con destino al fusilamiento[35]. Pero se salvó milagrosamente en el último momento: cuando estaba subido al camión, fue separado del resto[36]. Quedó a disposición del Tribunal de Represión del Fascismo, que le condenó en diciembre a ocho meses de cárcel[37]. Lo contaba años después en

Alemania, y así lo recuerda uno de los que le escucharon: «Quizá lo que padeció durante los meses de cárcel en la guerra civil española le dejó como un sello grabado en el corazón. El haber visto la muerte tan segura y cercana, seguramente le abrió los ojos sobre lo poco que es todo lo terreno. Don José María nos lo contó en tertulias un par de veces: estaba condenado a muerte y ya le habían subido en el camión con todos los demás para fusilarles, cuando uno de los carceleros, le dijo: –Tú, bájate. Así le salvó. Todo los demás fueron fusilados. Pienso que estas experiencias quizá contribuyeron a que don José María estuviera tan despegado de todo lo terreno y aun de su propia vida»[38].

Según parece, dieron resultado las gestiones del suegro de su hermana María, José Temes, Magistrado del Supremo: consiguió que fuera reclamado para ser juzgado. Cuando su madre supo que, en el mes de diciembre, se había empezado a normalizar la situación en la cárcel y que se cumplirían las penas, sin más sacas, pensó: «Chiqui se salva. Se ve que Dios le quiere para algo importante en la vida»[39].

El Padre e Isidoro estaban, lógicamente, preocupados por él. Las visitas de Isidoro a la cárcel de San Antón eran frecuentes y consoladoras[40]. En los diarios que se conservan de aquellos días, se recoge su desmejorado aspecto: la afección de riñón, unida al hacinamiento, la precaria alimentación y los malos tratos, iban haciendo mella en su salud. Se veían en la Biblioteca de la cárcel, donde hablaban y rezaban juntos unos minutos.

El 5 de febrero se confirmó la sentencia, y fue trasladado a Valencia[41]. Efectivamente, a las tres de la mañana del 6 de febrero de 1937 partió hacia la capital levantina. Formó parte del cuarto envío de presos a esa ciudad[42]. Los tres anteriores no llegaron a la ciudad del Turia, pues los detenidos fueron fusilados por el camino[43]. Al llegar a Valencia ingresó en San Miguel de los Reyes, en Paterna. Allí estuvo completamente incomunicado varios meses[44], antes de su traslado a la Cárcel Modelo de Valencia.

Las personas del Opus Dei que vivían en Valencia se esforzaron por visitarle y llevarle alimentos. Las estrecheces de la prisión eran muy notables y pusieron a prueba su reciedumbre. Junto con los paquetes de comida, básicos para sobrevivir, le hicieron llegar también las noticias de San Josemaría, esenciales para su vida interior en aquella difícil situación.

Mientras permaneció en la cárcel de Madrid, Chiqui estuvo preocupado por su madre y hermanos. Isidoro Zorzano les visitaba, llevando noticias y esperanzas a unos y otros[45]. Adela Garnica, madre de José María, recordaba años después que Isidoro se tomó un gran interés por liberar a su hijo; llegó a conseguir que le declararan enfermo y le admitieran en un sanatorio, pero no pudo ir porque lo trasladaron a Valencia: «Venía a vernos y a consolarnos, trayéndonos siempre noticias satisfactorias y cuando le decíamos que se arriesgaba mucho, decía que él no tenía que temer, por ser súbdito argentino; cuando todos sabíamos que a muchos extranjeros no les había defendido de la muerte el serlo»[46]. Cuando le trasladaron a Valencia, Isidoro siguió visitando a su familia, transmitiéndoles las novedades que le llegaban de José María

En el diario que llevaba, Isidoro Zorzano recogió los desvelos de San Josemaría y de su madre y sus hermanos para encontrar un lugar a donde trasladar a José María cuando terminase el período de reclusión[47]. Pedro Casciaro recibió en el mes de abril una carta del Fundador del Opus Dei desde Madrid en la que le pedía que, cuando Chiqui saliera de la cárcel Modelo de Valencia, procurara irse con él a Alicante. Pero Pedro fue movilizado en mayo, se incorporó al ejército republicano y, lógicamente, el plan no pudo llevarse a cabo[48].

A mediados de mayo, también Fernando, el hermano de José María, realizó diversas gestiones en el Palacio de Justicia de Madrid y confirmó que la salida de la cárcel de su hermano estaba prevista para finales de junio[49]. Esto aceleró el ritmo de búsqueda de un lugar adecuado. Gracias a Dios, la salud de Chiqui iba mejor[50].

Finalmente, después de cumplir su condena, fue puesto en libertad el 30 de junio de 1937. Se dirigió a casa de Francisco Botella, donde hablaron largamente. Comulgó con una de las formas que custodiaba Paco[51]. El 6 de julio salió rumbo a Alcalalí (Alicante), donde estaba Rafael Calvo Serer, uno de los primeros valencianos en pedir la admisión en el Opus Dei. Pocos días después, regresó a Valencia[52].

Tras varias gestiones, el 24 de julio optó por irse a trabajar a las minas de Rodalquilar, en Almería, con un primo suyo, Gabriel Garnica, ingeniero de la explotación. Ya el 14 de agosto se recibió una carta en Madrid de Francisco Botella, en la que comentaba que José María debía salir de la mina porque había peligro para su vida[53]. Efectivamente, solo permaneció unas semanas, pues los obreros le tendieron una emboscada en la que estuvo a punto de morir[54]. Huyó de noche del pueblo y regresó a Valencia[55]. Allí visitó al amigo de un tío suyo, que era el Coronel Jefe de la caja de reclutas de Valencia[56]. Le recibió muy bien y le facilitó incorporarse al ejército republicano. Fue destinado a transmisiones en Madrid, donde llegó el 21 de agosto de 1937[57].

El comportamiento incontrolado de las milicias revolucionarias en la capital, había disminuido considerablemente y se podía circular con más tranquilidad[58]. El 23 de agosto, a primera hora, fue José María a saludar al Padre, que estaba refugiado en la Legación de Honduras. El encuentro fue de una gran emoción. El Fundador del Opus Dei le notó muy desmejorado, como lo estaban todos. Charlaron detenidamente y, al final de la conversación, Chiqui recibió la Comunión de manos de San Josemaría. Después se fue con Isidoro a desayunar y este le entregó formas consagradas para una semana[59]. El 27 de agosto José María se incorporó a su destino en el cuerpo de transmisiones. Su horario de trabajo le permitía reunirse casi a diario con Isidoro y otros: charlaban y hacían un rato de oración juntos[60].

A finales de agosto conoció a la madre del Fundador del Opus Dei, doña Dolores Albás, que desde años atrás era la *Abuela* para los hijos espirituales de San Josemaría. Lo recordaba Chiqui: «Conocí a la Abuela a fines de agosto de 1937, cuando vivía durante la guerra civil española en la calle Caracas nº 30»[61]. Y añadía después: «algunos pocos hermanos nuestros han podido conocer y vivir con la Abuela. Este don de Dios nos permitió admirar las virtudes cristianas de la madre del Padre y ver su delicadeza y su generosidad y su realidad de servicio al Padre, a la Obra y a todos los hijos que tuvo ocasión de conocer. Todo ello con una delicadeza y una naturalidad que le hacía querernos como una abuela quiere a sus nietos de una manera espontánea y natural. Sin embargo, este servicio a sus nietos y a la Obra lo hizo con tal señorío que le hacía estar siempre en su sitio, sin entrometerse en la vida de la Obra, ni en nuestra vida espiritual y apostólica, y sin embargo tan cerca de nosotros que siempre estaba a nuestra disposición para prestar un servicio, tener un detalle de cariño con nosotros: una golosina que nos guardaba, una palabra cariñosa, una preocupación por nuestra salud, una prenda de abrigo que sus manos trabajadoras –que nunca estaban ociosas– nos había confeccionado, etcétera.»[62].

También José María tuvo oportunidad, en aquel tiempo, de conocer a la hermana del Fundador de la Obra, tía Carmen, como empezó a llamarla desde entonces y a la que tuvo toda su vida un gran cariño, admiración y agradecimiento. En una de sus meditaciones, escrita en 1972, recordará: «terminada la contienda, tuvimos ocasión de tratar, admirar y querer a la familia del Padre y si me preguntas qué recuerdos han quedado más fijos en mi mente de tía Carmen, te diré: su fidelidad al Padre; su abnegación –que le hacía servir hasta límites que hoy me parecen inverosímiles– y su gran corazón para querer a los de la Obra, cariño que sabía hacer compatible con una gran entereza»[63].

Aquellos días fueron especialmente gozosos, ya que había recuperado buena parte de la libertad. El día 1 de septiembre cenó con San Josemaría y algunos otros en casa de Isidoro. Esas reuniones se repetían periódicamente y ayudaban a soñar juntos con la expansión del Opus Dei[64]. José María recuperó sus fuerzas. Como escribió Isidoro en el diario, con sentido del humor: «Chiqui, aunque tiene mucho servicio, no tiene trabajo; con eso, unido a que almuerza dos veces al día, una en el cuartel y otra en su casa, se está desquitando y, cosa rara en este tiempo, poniéndose rollizo»[65].

El 8 de octubre de 1937 el Fundador del Opus Dei marchó a Barcelona para comenzar el paso a la zona nacional a través de los Pirineos. Le costó dejar a su madre y hermanos y a los de la Obra que estaban en Madrid, pero la esperanza de reemprender con libertad el ejercicio del ministerio sacerdotal, y cumplir más eficazmente con su misión, finalmente le impulsó a dar ese paso[66]. En Madrid quedó Isidoro como Director al cuidado de las personas de la Obra que allí permanecían.

Chiqui fue destinado el 22 de noviembre de 1937 a Baza (Granada), en el cuerpo de intendencia, donde permaneció hasta el final de la guerra. Viajaba a Madrid periódicamente, y hablaba largamente con Isidoro y los que quedaban en la capital. Isidoro Zorzano, como Director, le escribía con frecuencia, le buscaba un sacerdote para confesarse cuando venía a Madrid, le enviaba puntos de meditación, visitaba a su familia[67]. Chiqui aprendió mucho de la fortaleza espiritual de Isidoro, y de su disposición de entrega total a los demás.

Durante esa temporada Chiqui atravesó momentos de decaimiento, que se reflejaban, por ejemplo, en las escasas cartas que escribía. A veces lo compensaba con extensas misivas que llenaban a todos de alegría. Años después recordaba que los consejos de Isidoro fueron determinantes para su vida espiritual, precisamente en esas circunstancias difíciles para vivir su entrega a Dios[68].

A primeros de diciembre de 1937 le visitó en Baza su hermano Fernando y le encontró mucho mejor de aspecto, de salud y ánimo. Un compañero de aquella época, Enrique Recio, narró a la familia, años después, que Chiqui era muy honrado y no les dejaba robar comida. Solía decirles: «robar es robar, sea a quien sea»[69].

Aquellos largos meses de contienda también fueron agotadores, por la tensión que había entre las desmoralizadas tropas republicanas en un frente muerto, al que solo llegaban noticias manipuladas por la propaganda. Para José María no fue nada fácil disimular sus verdaderos sentimientos en aquel ambiente. El esfuerzo le agotaba[70].

El día 1 de abril de 1939 terminó la guerra. El Padre entró en la capital de España el 28 de marzo con las primeras tropas. Comenzaba de nuevo a reconstruirse la labor apostólica del Opus Dei.

José María en esas fechas estaba en su destino. A primeros de abril, su prima Rosario Garnica fue, en un coche del Banco Español de Crédito, a Rodalquilar (Almería) para ver a su hermano Gabriel. Habían muerto en la guerra dos hermanos de ambos y Rosario quería darle la noticia en persona. En ese coche, los dos hermanos viajaron a Baza y recogieron a José María. Finalmente, los tres llegaron a Sevilla.

Desde Sevilla, Chiqui se desplazó a Vitoria, donde se encontraban su madre y sus hermanos. Luego se dirigió a San Sebastián, allí logró que lo licenciasen del ejército definitivamente. Por aquellas fechas, escribió a Isidoro a Madrid comunicándole su presencia en San Sebastián[71].

IV. Madrid 1939-1944

Agotado después del conflicto bélico, y minada su salud y su ánimo, José María continuó en San Sebastián, donde preparaba los exámenes de Ingeniería. Vivió unos meses en una pensión. Recordará toda la vida la ayuda que, para fortalecer su ánimo, le dio San Josemaría en una carta fechada el 27.IV.1939: «Queridísimo Chiqui: por los deseos tuyos puedes deducir los que tengo, de abrazarte y charlar. Si me necesitas, haré un viaje enseguida aunque sea al fin del mundo. Tú tienes la palabra. Anímate. Después de lo que has sufrido (...), necesitas reponerte. Luego... ¡verás qué bien reaccionarás y qué bien trabajarás! Ánimo: yo te aseguro que, si me cumples el plan de vida que te di, habrás de bendecir la guerra, porque tendrás más experiencia y más reciedumbre para seguir trabajando»[72].

El 18 de mayo de 1939, le visitó Francisco Botella desde Burgos, enviado por San Josemaría. Se desplazó a San Sebastián y se presentó en la pensión. Le animó a viajar a Madrid. La respuesta fue negativa. Como evocaba años después Francisco Botella: «parece que estoy viendo aquella habitación y a Chiqui en silencio y pensativo, mientras se mordía el labio, ese gesto suyo tan característico. Yo le hablaba del Padre, de cada uno de los de la Obra, haciendo que salieran las Normas del plan de vida en mi conversación». Al llegar Francisco a Madrid, el Fundador de la Obra le preguntó por el resultado de su visita a la capital donostiarra. Escuchó en silencio y no comentó nada, en un gesto de serena esperanza[73].

Gracias a Dios, Chiqui hizo un viaje a Madrid en julio. Contó al Padre la situación de su alma, y salió de esa conversación con una determinación clara, firme y generosa[74]. Seguramente, por el sufrimiento interior experimentado como consecuencia de aquellas vacilaciones, quedó grabada en el alma de Chiqui la necesidad de volcarse en ayudar espiritualmente a los que daban los primeros pasos en la entrega a Dios y a quien pasase por un momento de oscuridad en el camino[75].

Por esos días de julio de 1939 se ultimó la instalación de una Residencia de estudiantes en la calle Jenner nº 6. El 6 de agosto, el Fundador del Opus Dei bendijo la nueva sede. José María colaboró en los trabajos, mientras preparaba sus exámenes. Por las tardes ayudaba activamente en la tarea apostólica con la gente joven. Como relataba Francisco Botella, «se pasaba el día en Jenner, hacía mucha labor apostólica, con ese talante y sentido práctico que Dios le había dado»[76].

En septiembre comenzó el curso acelerado en la Escuela de Minas para recuperar el tiempo perdido durante la guerra, que terminó brillantemente en marzo de 1940, después de haber asistido a las clases con regularidad. A continuación, se puso a realizar la Memoria de Investigación.

También empezó la carrera de Ciencias Naturales en septiembre de 1939. Ese mismo mes se examinó de siete asignaturas, que aprobó con facilidad. En el curso 39/40, entre las convocatorias de marzo y junio superó 11 asignaturas. Y en el curso 40/41 cursó dos más, a pesar de haber estado convaleciente de una enfermedad y de realizar el Proyecto fin de carrera de Ingeniería de Minas. En el curso 41/42 terminó las tres asignaturas que le faltaban, después de las convalidaciones correspondientes con la Escuela de Minas[77]. Entre ese curso y el siguiente realizó, con buenas calificaciones, las asignaturas de doctorado, que concluyó el 24 de abril de 1944[78]. Se incorporó, por entonces, a la Electra madrileña, donde había trabajado su padre.

San Josemaría había pedido a los más antiguos del Opus Dei, en febrero de 1940[79], que se responsabilizaran de impartir las clases de formación a los jóvenes universitarios y a los que habían terminado la carrera. Desde ese día, Juan Jiménez Vargas, Ricardo Fernández Vallespín, Álvaro del Portillo, Chiqui, Pedro Casciaro, Francisco Botella y los otros se lanzaron a la aventura de dirigir esos medios de formación, lo que supuso un importante crecimiento de la labor apostólica.

Francisco Ponz, uno de los jóvenes que conocieron entonces a Chiqui, le recordaba así: «Alto, aparentemente fornido aunque su salud no fuera buena, de pelo oscuro y ancha frente, de ojos vivos y mirada aguda y chispeante, era de trato simpático y sencillo. (...) Al principio de conocerle, por el año 1940, era persona de más bien pocas palabras, de conversación hecha de frases breves y claras, alejado del largo discurso, de la narración prolongada y atrayente; y, sin embargo, se estaba bien junto a él, por lo agudo de su pensamiento, la nobleza de su corazón y la claridad de su palabra llena de afecto recio y hondo»[80].

El 19 de marzo de 1940 fue para José María un día muy especial, pues efectuó su incorporación definitiva al Opus Dei[81]. Poco después, en Semana Santa, asistió a la primera convivencia de formación intensiva para los fieles de la Obra, que tuvo lugar en Jenner[82]. Recibió un fuerte impulso espiritual y crecieron sus deseos de santidad[83]. Pocos días después se le encomendó ocuparse especialmente del apostolado con los universitarios que iban por Jenner. Así lo vio Francisco Botella, al que sustituía en ese encargo: «Chiqui estaba cada día más lanzado a todo lo que hubiera que hacer, y en sus manos se dio un empujón a la labor de apostolado»[84]. Francisco Ponz contaba de aquellos años: «Hombre leal a toda prueba, vivía su vocación al Opus Dei con total fidelidad al Señor y al Fundador y a eso supeditaba todo lo demás. Era decidido, resuelto, nada vacilante o dubitativo. Cualquier deseo de San Josemaría que llegara a su conocimiento, le incitaba a aguzar el ingenio para transformarlo en proyectos que, aunque fuesen humanamente difíciles o aun a primera vista inabordables, pasaban pronto a ser realidades gracias a su extraordinario sentido práctico»[85].

La salud de Chiqui había quedado quebrantada por los padecimientos sufridos durante la guerra. Sus afecciones renales se acentuaron. En julio de 1940 cayó gravemente enfermo y tuvieron que extirparle el riñón izquierdo, que estaba atrofiado y adherido al diafragma. Cuando lo retiraron, se rasgó el diafragma, motivo por el cual el postoperatorio se prolongó más de lo previsto. Hasta seis meses después no cicatrizó completamente la herida[86]. El Fundador del Opus Dei se preocupó de que le llevasen con frecuencia la Sagrada Comunión y en ocasiones lo hizo él mismo[87].

Estas complicaciones hacían peligrar la entrega de la Memoria de Investigación dentro del plazo previsto. Pidió una ampliación, pero las autoridades académicas no se la concedieron. Finalmente, logró terminar la Memoria el 7 de mayo de 1941 y obtuvo la nota máxima: un diez.

Entre tanto, el Padre le nombró Director de un Centro del Opus Dei en Madrid, en la calle Lagasca. Pasados los años, los que convivieron con José María recuerdan su dedicación: «Cuando estaba de Director ponía esa tarea que el Fundador le había encomendado por encima de todo. Siempre estaba dispuesto a recibirnos, a atender nuestras consultas, sin gestos de impaciencia o de cansancio. Vivía olvidado de sí, pendiente de las necesidades de todos. Tenía con los demás una caridad recia y sincera, profunda, enraizada en el amor a Dios, que le llevaba a querer por encima de todo, como él veía hacer a San Josemaría, que fueran santos, que lucharan para ser mejores y más fieles cristianos, seguro de que de ese modo serían también más felices en la tierra y luego lo serían eternamente en el Cielo»[88].

Impresionaba su capacidad de trabajo, pues compatibilizaba los estudios con una honda vida de piedad y formación, una intensa labor apostólica y el trabajo en la empresa Electra, indispensable también para sostener económicamente los apostolados. Además, realizaba viajes, algunos acompañando a San Josemaría, para poner en marcha la tarea apostólica en varias ciudades de España[89]. Solo un gran amor a Dios y al cumplimiento de su Voluntad explican ese fuerte ritmo.

Él mismo hizo, años después, un resumen de esa época: «Aquellos primeros años después de la guerra española en los que materialmente hubo que volver a empezar desde cero, fueron años muy duros, por las circunstancias externas en las que vivíamos: la persecución de los buenos, con tanta calumnia que pesaba sobre la Obra[90]; la falta de medios materiales; y finalmente por ser los primeros tiempos de la Obra, la falta de apoyo firme con la que tenía que trabajar el Padre»[91].

También en este tiempo convivió más estrechamente con la madre y la hermana de San Josemaría, y valoró el gran servicio a la Obra que realizaron en la administración de las labores domésticas de los primeros Centros y, especialmente, en la calle Lagasca, donde él era el Director: «En estas condiciones, la Abuela y tía Carmen se hacen cargo de la Administración de nuestras casas, lo cual traía multitud de dificultades (...). En todo el servicio que prestó a la Obra, tía Carmen supo querer a sus sobrinos y compaginó este cariño con una entereza para evitar toda ñoñería y, para desde su sitio, fomentar nuestra entrega a Dios»[92].

V. Ordenación sacerdotal

Desde 1940 José María se preparaba para su ordenación sacerdotal, como relataba en 1972: «El Padre nos había hecho ver bien claramente la necesidad de sacerdotes en la Obra, que llegaran al sacerdocio después de haber vivido la vocación propia nuestra, para ayudar con su predicación –de acuerdo con las directrices señaladas por el Padre– a la formación de sus hermanos y para colaborar en su dirección espiritual, sobre todo a través del Sacramento de la Penitencia»[93]. Se lo había anunciado a su madre, aunque le pidió que guardase discreción, pues la realización de esa posibilidad podía dilatarse en el tiempo.

Hacía compatible sus trabajos con los estudios eclesiásticos, junto con Álvaro del Portillo y José Luis Múzquiz. Al principio realizaron los exámenes en el seminario de Madrid[94]. Contaron con un profesorado excelente, aprovechando también la presencia en Madrid de grandes especialistas retenidos por la Segunda Guerra Mundial[95].

Mientras tanto, el Fundador de la Obra buscaba la fórmula canónica para esa ordenación, dentro del derecho entonces vigente. El 14 de febrero de 1943, en el Centro de mujeres del Opus Dei de la calle Jorge Manrique, vio la solución durante la Misa: San Josemaría empezó a hablar de la Sociedad Sacerdotal de la Santa Cruz[96].

Recordaba Pedro Casciaro que ese día 14 de febrero el Fundador fue a desayunar al Centro de la calle Villanueva donde vivía Pedro y «encargó a Ricardo Fernández Vallespín que dibujara bien el sello de la Obra (una cruz dentro de un círculo) que había trazado poco antes en su agenda, con compás y tinta china; y al día siguiente fue en coche a un hotelito de la sierra de Guadarrama, donde estaban estudiando los primeros ordenandos: deseaba hablar cuanto antes con Álvaro del Portillo, que era Secretario General del Opus Dei. Con la Sociedad Sacerdotal de la Santa Cruz –a cuyo título se ordenarían los nuevos sacerdotes del Opus Dei y que formaría parte integrante e inseparable de la Obra– se hacía posible la ordenación sacerdotal de algunos laicos del Opus Dei, que podrían asistir espiritualmente al resto de los miembros y atender las actividades apostólicas promovidas por ellos»[97].

Más tarde, los tres que se preparaban para ordenarse fueron a ver al Obispo de Madrid[98]. Tiempo después Mons. Leopoldo Eijo y Garay aprobaba las Constituciones de la Sociedad Sacerdotal de la Santa Cruz. Era el 25 de enero de 1944[99]. Los siguientes meses fueron de una gran intensidad, para ultimar todos los detalles de la ordenación[100].

Su preparación intelectual fue muy buena,

como reflejan las calificaciones que obtuvieron los tres, incluidas en el expediente de órdenes[101]. Se demostró a lo largo de su vida sacerdotal[102]. Había una simpática excepción: en la asignatura de música. Lo recordaba años después el Fundador de la Obra, al referirse a la primera Misa solemne de don José María: «¡Qué horror de voz tenían los tres primeros sacerdotes!: Chiqui entonó el *Te Deum* y su padrino, José María Bueno Monreal, comentó que era el primer milagro de San Chiqui»[103].

San Josemaría les dirigió los días de retiro previstos antes de la ordenación en una zona del Monasterio de El Escorial, del 13 al 20 de mayo de 1944. El 20 tuvo lugar en el Palacio Episcopal de Madrid la «tonsura, según lo establecido en aquella época por las leyes de la Iglesia. Luego, los días 21 y 23, las órdenes menores. El 28 de mayo, Mons. Marcelino Olaechea, Obispo de Pamplona, les confirió el Subdiaconado en el Oratorio de Diego de León. El 3 de junio, en la capilla del Seminario de Madrid, recibieron el Diaconado, de manos de Mons. Casimiro Morcillo, Obispo Auxiliar de Madrid-Alcalá. Finalmente, Mons. Leopoldo Eijo y Garay ofició la ordenación de presbíteros el 25 de junio, en la capilla del palacio episcopal»[104].

Era la primera ordenación de fieles del Opus Dei y fue extremadamente cuidada por el Fundador, tanto por la calidad de los profesores escogidos, como por la categoría humana y sobrenatural de los candidatos. Como señalaba José María en una meditación escrita en 1972: «De nuestra formación apostólica y espiritual, así como de la pastoral, no pudimos tener mejor maestro, porque fue el Padre mismo quien se encargó de esta tarea. Fueron constantes las conversaciones en las que nos iba dando normas, consejos, para nuestra futura labor de sacerdotes. No se me pueden olvidar algunos paseos por las afueras de Madrid, en los que caminando, al atardecer, alguna vez nos hablaba el Padre del mejor medio de servir a la Obra»[105].

Además, San Josemaría quiso que los tres tuvieran un doctorado, que en aquella época solo se podía obtener en la Universidad Central, tras conseguir la correspondiente licenciatura, pues las Ingenierías eran Escuelas especiales[106]. Don José Luis Múzquiz y don Álvaro del Portillo lo hicieron en la Facultad de Geografía e Historia y don José María en la de Ciencias.

La madre de Chiqui estaba muy conmovida. Aunque él había avisado años atrás, no se terminaba de creer que Dios le concediera la dicha inmensa de tener un hijo sacerdote. Ella se ocupó del cáliz de la primera Misa Solemne de su hijo que, posteriormente, se envió a Roma y la elección del lugar fue un detalle con su prima Ana, que era religiosa del Colegio de la Asunción[107].

La primera Misa Solemne tuvo lugar en la capilla del citado Colegio, en la calle Santa Isabel nº 46, el 27 de junio de 1944: acompañaron a José María como padrinos dos de sus profesores, el Vicario Judicial de la diócesis de Madrid, don José María Bueno Monreal, y el P. José López Ortiz, que con el tiempo fueron Cardenal Arzobispo de Sevilla y Arzobispo Castrense, respectivamente. Asistieron a la ceremonia ingenieros y empleados de la Empresa Electra, y numerosos amigos y familiares[108]. Después, lo festejaron en el domicilio de su madre, en la calle Conde de Aranda, adonde acudió el Fundador de la Obra con los dos padrinos.

Chiqui ahora era ya para todos don José María, aunque en su familia le llamaran el Padre Chiqui, con gran veneración. A los pocos días, el 30 de junio, dio la primera Comunión a su sobrina María, el 31 de julio casó a su primo Gabriel y el 9 de agosto bautizó a su sobrino Javier. Algún año pasaba dos o tres días con toda la familia en Noja, donde los veía a todos juntos. Solía celebrar la Santa Misa en la Casona de su tío Pablo Garnica, que tenía una capilla muy bonita.

Don José María procuraba involucrar a su madre, que vivió muchos años, en las cosas del Opus Dei: por ejemplo, le sugería rezar por los apostolados o contribuir con ayudas materiales. Una persona que le oyó hablar en Londres de su madre apuntaba: «A propósito de viajes al país de origen, recuerdo uno que hizo don José María a Madrid. Eran tan raros, que nos aclaró el motivo: "Doña Adela –siempre se refería así a su madre– no está bien". La ausencia fue muy corta y cuando le preguntamos cómo había dejado a su madre, nos contó: (...) "La he convencido de que es muy útil, de que nos hace mucha falta a todos y se ha puesto bien". De nuevo había actuado, además de su cariño, su conocimiento de la psicología femenina. Es verdad que cuando don José María vivía en Madrid, hacía colaborar a su madre de tal manera en todo lo nuestro, que debía echarle mucho de menos. No había invitados en un Centro nuestro en Madrid, sin que se contase con la vajilla, la cristalería, o cualquier otro objeto de doña Adela; la tenía en jaque continuo, pero esto daba interés a su vida»[109].

Don José María, al recordar su ordenación, años después, en su humildad, se veía a sí mismo indigno de la elección que el Padre había hecho. Sin embargo, la fidelidad de don José María demostró que aquella fe de San Josemaría se apoyaba en el conocimiento profundo que tenía de sus hijos.

También resaltaba don José María: «Es fácil imaginar al Padre aquellos días, lleno de gozo y de alegría; porque algo cuya necesidad sentía tan a lo vivo, por lo que tanto había rezado y trabajado, se realizaba. Hemos oído decir a nuestro Padre que las ordenaciones de las primeras promociones le habían dado una gran alegría, pero al mismo tiempo también pena. Una pena que no era tristeza, sino el dolor de perder para el apostolado de la Obra a unos laicos mayores, que tanta falta hacían. ¡Éramos tan pocos! Hoy día sigue sufriendo por esta pérdida, pero la labor que realizan por todo el mundo esos hermanos nuestros sacerdotes –elementos de unidad y de servicio– compensa con creces la pérdida que supone la ordenación de nuestros hermanos»[110].

Bien recordaría aquellos hechos, cuando durante algún tiempo colaboró en la preparación de los fieles del Opus Dei que se ordenaron sacerdotes en los años siguientes. Junto a la formación litúrgica y pastoral, no faltaban recomendaciones prácticas que don José María había escuchado directamente de labios del Fundador[111]. Como recordaba don Alfonso Par, ordenado en 1951: «Las clases de don José María eran deliciosas. Iba al grano con profundidad y claridad. Se volcaba en comunicarnos toda su experiencia sacerdotal. Eran fruto de su propia práctica pastoral, vivida con una fidelidad extrema a la moral tradicional. Nos daba consejos que luego me han sido muy útiles, sobre la manera más adecuada de enfocar el camino para solucionar problemas difíciles de la vida, dar los consejos más apropiados, tener pillería santa en la pastoral... etc. Era un psicólogo nato, aparte de su sentido práctico, su inteligencia fuera de lo común y su gran corazón, que le permitía, a veces, ser un poco áspero y ayudar mucho»[112].

En el verano de 1945, tuvo lugar un curso de formación espiritual para las mujeres del Opus Dei en la casa denominada Los Rosales, sita en un municipio cercano a Madrid. Duró dos meses. Los tres primeros sacerdotes se turnaban cada semana; el que estaba de turno predicaba a diario un rato de meditación, celebraba la Santa Misa, y pasaba la mañana confesando e impartiendo clases de formación hasta el mediodía. De aquellas jóvenes salieron después las que empezaron la labor apostólica en Roma, Inglaterra, Estados Unidos, México, Guatemala, Chile, Colombia, Venezuela... y tantos lugares de España[113].

Desde el verano de 1945, vivió don José María una aventura especial: la casa de retiros de Molinoviejo[114], una finca cercana a Segovia, que era propiedad de unos parientes. Él logró que la alquilaran, por un precio asequible. Desde el primer momento sirvió para el descanso y la formación espiritual y apostólica de los fieles del Opus Dei y de otras personas.

La distribución del trabajo sacerdotal de los tres ordenados en 1944, era sencilla y ambiciosa: don Álvaro estaría con el Fundador en el gobierno e impulso de la Obra. Don José Luis y don José María se encargarían de las labores de formación espiritual y apostólica promovidas por los fieles del Opus Dei; en concreto, don José María dedicó la mayor parte de su tiempo a actividades dirigidas a mujeres. Las ciudades de España, se repartían también entre los dos últimos: Andalucía para don José Luis, y Zaragoza, Barcelona y Valencia para don José María. Entre los dos atendían la Residencia de universitarios de La Moncloa, que había sustituido en octubre de 1943 a Jenner, y predicaban a la par retiros espirituales de varios días de duración, repartiendo las meditaciones[115]. También dirigían los retiros mensuales que se organizaban desde los diversos Centros y atendían espiritualmente a los fieles del Opus Dei, y a sus amigos, confesando, predicando meditaciones y pláticas, etc.[116]. Para facilitarles esta tarea pastoral, San Josemaría les había dejado su fichero de predicación, en el que entraron a fondo[117].

Desde el principio de su actividad sacerdotal don José María desarrolló una amplia tarea de dirección espiritual, con jóvenes universitarios de Madrid y de las ciudades que visitaba. Había aprendido de San Josemaría la cordialidad, la atención personal y el afán de ayudar a cada alma. Lo recordaba don Alfonso Par: «Me recibió don José María. Fue una conversación muy sencilla y amable. Los dos éramos ingenieros. Con pocas palabras nos entendimos muy bien. Le conté lo que me pareció más esencial de mi vida de piedad, de mis estudios, de los círculos a que asistía, etc. Al principio yo estaba un poco apurado; pero aquel sacerdote tan natural me inspiró mucha confianza. Noté que se daba cuenta perfectamente de mis disposiciones interiores, que me calaba y además que teníamos un modo de pensar muy similar. (...) Me encantó su naturalidad y me cautivó la sencillez, sin ningún género de afectación, con que se traslucía lo sobrenatural que llenaba su corazón. En realidad ahí estaba el secreto»[118].

Por si fueran pocas sus ocupaciones, fue nombrado Profesor de enseñanza religiosa en la Escuela de Minas para el curso 1945/46. La remuneración sería una pequeña ayuda para la atención de los apostolados de la Obra y las clases le permitirían conocer a estudiantes a los que acercar a Dios. El cargo consistía en la explicación de las asignaturas de Apologética, Teología Dogmática, Teología

Moral y Teología Moral especial (Deontología), distribuidas a lo largo de los primeros cuatro cursos de la carrera[119]. Don José María continuó en esa tarea hasta octubre de 1955, en que cesó a petición propia.

Mientras tanto, la expansión del Opus Dei por el mundo entero estaba en marcha. En 1945 comenzó el trabajo apostólico en Portugal; y en pocos años, con el impulso de San Josemaría, varios fieles de la Obra fueron a trabajar profesionalmente a Inglaterra, Francia, Italia, Estados Unidos, México, Irlanda, Chile, etc. En 1946 el Fundador del Opus Dei se trasladó a Roma y, desde la Ciudad Eterna, dirigió el gobierno central de la Obra.

En 1953, se cumplieron los 25 años de la Fundación del Opus Dei. San Josemaría vino a España, y en Molinoviejo se encontró con algunas de las personas que llevaban más tiempo en el Opus Dei y muchos otros, sacerdotes y laicos. El Padre estaba contento y emocionado al ver, por bondad de Dios, los frutos ya tangibles del crecimiento apostólico de la Obra, en tan pocos años[120].

VI. Atención de la labor del Opus Dei con mujeres

Desde el comienzo de su sacerdocio, don José María trabajó en el impulso, desarrollo y formación de las labores de la Obra con mujeres, y siempre tuvo presentes las recomendaciones de San Josemaría. Aprendió de él a prestarles la oportuna ayuda para que ellas crecieran con plena responsabilidad. Gozaba de la plena confianza del Fundador. «Un día, mientras desayunábamos –contaba Carmen Marco–, pasó el Padre acompañado de don José María. (...) Nuestro Fundador le tomó la cabeza entre las manos y dijo: –Hijas mías, yo me he podido ir a Roma porque he dejado a "Chiqui" con vosotras»[121].

El Fundador tenía proyectos apostólicos y profesionales muy ambiciosos en el ámbito de la cultura, de la política, de la educación, de la sanidad, de la promoción social, etcétera; así se lo expuso a tres de ellas en el primer Centro de la Obra para la atención apostólica de mujeres en la calle Jorge Manrique, de Madrid: «Sobre la mesa extendió un cuadro que exponía las distintas labores que las mujeres del Opus Dei iban a realizar en el mundo. Solo el hecho de seguir al Padre, que nos las explicaba con viveza, casi producía sensación de vértigo: granjas para campesinas; distintas casas de capacitación profesional para la mujer; residencias de universitarias; actividades de la moda; casas de maternidad en distintas ciudades del mundo; bibliotecas circulantes que harían llegar lectura sana y formativa hasta los pueblos más remotos; librerías... Y (...), doblando despacio aquel cuadro, dijo: —Ante esto se pueden tener dos reacciones: Una, la de pensar que es algo muy bonito, pero quimérico, irrealizable; y otra, de confianza en el Señor que, si nos ha pedido todo esto, nos ayudará a sacarlo adelante. Espero que tengáis la segunda»[122].

Don José María conocía muy bien y valoraba a fondo el genio femenino. Carmen Mouriz, con quien tuvo relación en el trabajo de gobierno del Opus Dei en Alemania, recuerda que, desde un principio, había recibido el encargo de formar en el espíritu del Opus Dei a las mujeres de la Obra: «de ahí que le llamáramos "Don José María, el nuestro". Con frecuencia he pensado que hubiera preferido estar siempre cerca de nuestro Padre; no obstante, se metió de lleno en lo que le había encomendado. ¡Y cómo caló en el modo de ser de la mujer y cómo supo conocernos y ayudarnos para hacer el Opus Dei en tantos sitios!»[123].

La labor apostólica de las mujeres del Opus Dei se desarrolló mucho en esos años. Por su encargo en relación con las mujeres de la Obra, don José María colaboró en la instalación y puesta en marcha de los primeros Centros de Madrid, Bilbao y Barcelona, y después en el resto de España y Europa.

En 1945 se iniciaron dos Centros en Madrid: Los Rosales –a pocos kilómetros de la capital– y Zurbarán. Se cerró el de la calle Jorge Manrique, que había sido el primero. Se recuperaría años después.

Desde el comienzo, don José María dedicó muchas horas a la Residencia Zurbarán para estudiantes universitarias, en el nº 26 de la calle de ese nombre. Allí realizó una importante y paciente tarea de dirección espiritual en el confesonario, de la que salieron, con la gracia de Dios, muchas universitarias que después llevaron el espíritu del Opus Dei por el mundo, ejerciendo su profesión. Así se lo había encargado el Fundador de la Obra. Como evoca un testimonio: «El secreto de don José María era, así me parece a mí, que amaba a nuestro Fundador y a la Obra con locura. Estaba siempre dispuesto a sacrificar cualquier cosa, o aspecto personal, para ser útil a la Obra de la forma que fuera (...). Don José María lo expresaba con la fórmula: "Cuando uno se decide a no ser nada de nada, entonces se es eficaz". ¡Él estaba feliz negándose a sí mismo!»[124].

Dentro del Opus Dei, los sacerdotes están en los Centros de mujeres el tiempo indispensable para la atención sacerdotal: administración de sacramentos, celebración de la Santa Misa y funciones litúrgicas, y para las actividades de formación, como meditaciones y clases. Don José María Hernández Garnica se ocupó de esas labores prodigando generosamente su tiempo. «En realidad él estuvo en nuestros Centros también el tiempo indispensable para las funciones que debía realizar, que en aquel tiempo eran muy precisas y necesarias. Así pues, lo excepcional son las funciones que tenía encomendadas y que desempeñó de manera eficiente y yo diría que, a mi entender, de manera santa. Porque debió santificarse aunque no fuera más que por la enorme paciencia, desvelo y cariño –que es la mejor forma sobrenatural y humana de caridad– que manifestó en sus actuaciones. Su comportamiento denota un olvido total de sí mismo y una entrega amorosa, inteligente, abnegada, delicada y alegre al querer de Dios»[125].

A la vez que desarrollaba ese trabajo, se esforzaba en ser delicado en la guarda de su corazón y en mantener las medidas de prudencia necesarias. No lo han olvidado las personas a las que atendió espiritualmente: «Recuerdo a don José María volcado siempre en nuestra formación: como sacerdote encargado de atender la residencia era muy abnegado; su dedicación fue total (...). Nos trató siempre con una delicadeza extraordinaria y supo tener mil detalles pequeños para ayudarnos: estaba pendiente de lo que necesitábamos para sacar adelante la casa, o para la atención apostólica»[126].

Su predicación dilataba las ansias de apostolado. Llegarían lejos, llevando al Señor hasta el último rincón de la tierra y a todas las esferas de la sociedad: «El amor a Dios de don José María le llevaba a un afán apostólico extraordinario. Constantemente nos hablaba de que teníamos que acercar a Dios a las almas del mundo entero. Esta universalidad en el apostolado nos la inculcaba con tanta fuerza que, me atrevería a decir, por este motivo veíamos tan natural el irnos a otros países a empezar la labor, como ya estábamos haciendo en esos años»[127].

Como lo importante es la formación personal, ayudaba a que se pensaran bien las cosas: «en Los Rosales, en aquella época, yo era la Directora –apuntaba Mª Teresa Echevarría– y don José María puso mucho empeño en enseñarme a funcionar. Cuando alguna vez le preguntaba algo, me contestaba: "A ver, ¿tú, cómo lo harías?" y cuando le daba mi opinión, me la reforzaba o me daba algunas razones que aconsejaban lo contrario. En cualquier caso, siempre me enseñaba a discurrir, a no acudir al remedio fácil y cómodo de preguntarlo todo; a acostumbrarme a poner la cabeza»[128].

Procuraba que la formación fuera muy práctica, según las circunstancias. Como un buen maestro, sabía hacer y desaparecer: «Don José María –rememora Dorita Calvo– aparecía en el momento en el que le necesitábamos, el resto del tiempo, desaparecía por completo, nunca se hizo el imprescindible. Tenía el don de la oportunidad para llegar de improviso, justamente cuando no sabíamos por dónde tirar. No sé por qué razón, pero con frecuencia, cuando recuerdo cómo nos ayudaba, me viene a la cabeza la devoción a los Ángeles Custodios que tanto nos inculcó. Decía: "Pero no abuséis de ellos, no viváis cómodamente pensando que todo lo va a resolver el Ángel Custodio" y recalcaba que debíamos pedirle cosas, pero hacerlas nosotras, no esperar a que nos las diera resueltas»[129].

Del Fundador del Opus Dei había aprendido a tener los trabajos de la Administración de los Centros muy dentro del corazón, como el apostolado de los apostolados[130]. «Mostraba una especial atención o admiración por el trabajo de la Administración, interesándose mucho por los pormenores que suponía, tanto si eran relacionados con la cocina, como la limpieza, etc. Nunca vi que valorara más otros trabajos aparentemente más brillantes»[131]. Además, sabía estar encima, para que las cosas marcharan bien. Un día, al enterarse de que en una residencia de estudiantes estaba la plantilla sin cubrir, con el consiguiente recargo de trabajo, comentó con fortaleza a las que dirigían ese trabajo doméstico: las personas que estén a vuestro cargo «os tienen que interesar más; tenéis que saber exactamente cómo están, qué hacen, qué proporción tienen de trabajo. Sobre vosotras recae la responsabilidad de las Administraciones y para poder aportar soluciones adecuadas, tenéis que estar más cerca, no desentenderos»[132].

Su ayuda era constante, adelantándose a las necesidades espirituales y materiales: «Cuando le conocí, noté que era quien solucionaría los problemas que fueran apareciendo en el día a día. Me sentí con el apoyo del hermano mayor al que podías decir todo, que si veía que te lo podía dar, te lo daba y si decía no, es porque no era conveniente y te daba explicaciones que te convencían y te dejaban tranquila. (...) Le movía una gran lealtad. No permitía los "bombos mutuos", pero sabía sacar todo lo positivo de las personas y de las situaciones»[133].

Don José María ponía especial empeño en que se redactaran fichas de experiencia, donde se explicaba cómo hacer cada cosa, para que las siguientes que debieran ocuparse partieran del conocimiento adquirido por las anteriores. Porque, como recuerda Adelaida Sánchez, «cuando yo hacía esto, partía de cero, tenía veinte años y hasta entonces no había hecho otra cosa que estudiar. En España aquellos años los alimentos estaban racionados y había escasez de muchos de ellos; teníamos poco dinero y a veces nada, el servicio doméstico era a todas luces insuficiente y el parque de maquinarias inexistente. Claro que los días los hacíamos más largos y las noches muy cortas, éramos muy jóvenes y con mucha ilusión de hacer el Opus Dei. En esa situación aprendimos a trabajar así, científicamente y con sentido sobrenatural: aprendimos a santificar el trabajo haciéndolo, como nos ha enseñado siempre nuestro Fundador, con amor de Dios. Y en esto también directamente yo aprendí muchas cosas de don José María»[134]. Esas fichas de experiencia resultaron de gran interés: «eran extendidas en su momento sobre la mesa, también con don José María, se mecanografiaban y se iba así dando forma a una praxis que serviría no solamente para racionalizar el trabajo concreto en nuestro Centro, sino para ese mismo tipo de actividad en otros Centros»[135]. Además, él evitaba cualquier asomo de protagonismo: «Cuando sabíamos hacer las cosas o al menos distinguíamos si las hacíamos bien o mal, desaparecía»[136].

Su humildad y espíritu de servicio fueron constantes en su vida, no tenía derechos sino deberes, y, como San Josemaría, sabía «no dejarse servir y saber agradecer, era su habitual comportamiento. Daba las gracias por todo»[137]. Después de muchos años de trabajo con las mujeres del Opus Dei en España, don José María Hernández Garnica marchó a Francia. Un tiempo después vino a Madrid y fue a Zurbarán a un encargo concreto. «La persona que le abrió la puerta no le conocía y le dejó sentado en un banco de madera que había al pie de la escalera. Él conocía mejor que nadie la residencia y podía haber subido al salón o al oratorio, pero esperó al lado mismo de la puerta de entrada. Cuando salí y le vi allí sentado en el banco de proveedores, me disculpé. Él quitó importancia a la situación y dijo que allí estaba muy cómodo. Me admiró su humildad y también la fidelidad para seguir las orientaciones del Padre de no estar en los Centros de mujeres más que lo imprescindible»[138].

VII. Por los caminos de Europa

Su entrega generosa y humilde hizo que el Fundador del Opus Dei contase con él cada vez más. Desde finales de 1954 a los primeros meses de 1955, don José María realizó con Alberto Ullastres un largo viaje por América, para impulsar la marcha de los apostolados que se habían iniciado años atrás: Estados Unidos, México, Guatemala, Venezuela, Colombia, Ecuador, Perú, Chile y Argentina. Pocos meses después, salió de nuevo para efectuar una tarea semejante en Inglaterra e Irlanda.

Aunque don José María había terminado sus estudios eclesiásticos en 1944, San Josemaría deseaba que sus hijos sacerdotes obtuvieran el grado de doctor en alguna ciencia eclesiástica. Por eso, en octubre de 1955 hizo ir a Roma a don José María y a otros más. Don Florencio Sánchez Bella, uno de ellos, contaba: «Con frecuencia, Chiqui nos orientaba con sus bromas y buen humor para que superásemos el cansancio que conllevaban aquellos estudios. Bastaba verle, terminando su doctorado en Teología a sus cuarenta años, con su madurez humana, sobrenatural, y hombre de gobierno manejarse con naturalidad, como un alumno más para sentirse estimulado a realizar otro tanto. Era inteligente, con muy buena memoria, y además un buen trabajador. Unidas unas y otras cualidades realizó sus estudios con gran brillantez aunque él procurase que pasaran lo más inadvertidos posible»[139].

Después de unos años de estudio, docencia e investigación sobre la espiritualidad laical, aprendida de labios del Fundador del Opus Dei, don José María fue desarrollando su pensamiento acerca de la Teología del laicado. En abril de 1956, publicó un libro titulado «Perfección y laicado»[140]. Ese trabajo le sirvió de base para su tesis doctoral en Teología, que defendió en la Universidad Lateranense en 1956[141]. Al regreso de aquellos viajes, permaneció un año en Madrid, como Director Espiritual del Opus Dei en España.

En 1957 don José María Hernández Garnica fue nombrado Consiliario del Opus Dei en Francia. Desde entonces hasta 1972 vivió fuera de España, pasando de un país a otro. Saboreó el gozo y el sufrimiento de los comienzos del Opus Dei en diversos países europeos, donde roturar el camino requirió mucha tenacidad y abordar constantemente problemas nuevos: cultura, idiomas, trabajo apostólico con personas provenientes de otras religiones, alimentación, etcétera. Los que trabajaron con él recuerdan su fe inquebrantable en Dios y la seguridad de que con la oración, el sacrificio y el trabajo constante llegarían los frutos apostólicos.

Cuando don José María llegó a Francia, en 1957, ya hacía varios años que ejercían su profesión allí personas del Opus Dei. «Los cargos son cargas», solía repetir San Josemaría, y con naturalidad lo vivía don José María: «Pensé –explicaba Amelia Díaz-Guardamino que vivía en París– en esa característica tan marcada de don José María, que ya había tenido ocasión de comprobar años antes (...): el servicio a los demás, y muy concretamente a sus hermanas, por las que se desvivía en todos los aspectos. Para él, ser Consiliario de Francia, era eso: servir a los de esa Región, si era necesario también materialmente, y los cargos, como nos había explicado tantas veces en las clases sobre el espíritu de la Obra, no comportan un honor, sino el deber de desvivirse por los demás»[142].

Durante ese período, vivió en Inglaterra, Irlanda, Francia, Alemania, Austria, Suiza, Holanda y Bélgica, desempeñando tareas de gran responsabilidad. Fue Director de la Delegación de Francia entre 1957 y 1959; Delegado del Fundador para Inglaterra, Francia e Irlanda, desde septiembre de 1959; en 1961 pasó a ser Delegado para Alemania y Austria; en 1966 volvió a Inglaterra como Sacerdote Secretario Regional, y en 1967 regresó a Alemania primero como Delegado y en 1969 como Sacerdote Secretario. En esos más de diez años recibió además otros encargos del Padre, acudió a Roma en diversas ocasiones, asistió a los Congresos Generales del Opus Dei[143], etc.

Sobre este tiempo, los testimonios de tantas personas que convivieron con él van delineando una santidad heroica vivida con naturalidad. A lo largo de las siguientes páginas vamos a referirnos someramente a algunos aspectos de ese crecimiento en las virtudes.

Desde que fue nombrado Delegado del Padre para diversos países de Europa, el trabajo le llevó de un sitio a otro. Esa figura[144], creada por San Josemaría, busca ser puente de unión entre el gobierno de las diversas circunscripciones del Opus Dei, que se iba extendiendo por todos los rincones del mundo, y el gobierno central, con el Padre a la cabeza, que está en Roma. Al formar parte tanto del Consejo General como de la Comisión regional, resulta un instrumento de unidad en el gobierno del Opus Dei. Además, estos encargos permitían a don José María viajar periódicamente a Roma y convivir con el Padre, llenándose de su espíritu y de su fuerza interior[145].

Don José María realizó el trabajo de arraigar los apostolados del Opus Dei en cada país, con la gracia de Dios y apoyado en la fe que se había fortalecido en su trato con el Padre en los años treinta, cuando no había casi nada. Así lo exponía una de las personas con las que convivió en Alemania: «Cuando yo le conocí en 1963, a pesar de que la Obra en Alemania era una cosa minúscula, hablaba de lo que sería con el tiempo con un convencimiento tal, que sin una fe gigante no se podía entender. Sin disponer de medios materiales y teniendo los pies muy en la tierra animaba a lanzarse a conocer gente, a trabajar en todos los sitios, aunque no se viera el fruto del apostolado. (...) Trabajaba pensando en el futuro, sin la menor duda de que en todos los países se desarrollaría la Obra, como efectivamente así fue»[146].

La comprobación de las escasas fuerzas de las que disponía para la magnitud de la tarea, no le llevaba al desánimo, ni a la desesperanza. Lo resaltaba él mismo en una meditación: «Si queremos ser fieles a la llamada de Dios y realizar un servicio efectivo y continuado, hemos de tener presente que la acción principal es de Dios –su gracia– pero es también indispensable la acción instrumental del hombre que realiza su acción propia, humana y que la gracia de Dios eleva a sobrenatural. Esta acción instrumental requiere unas disposiciones, una formación y una docilidad a la acción divina»[147].

Lo confirma el Dr. Steinkamp respecto de Holanda: «Tenía una gran fe en Dios. Era tónica constante en sus conversaciones con nosotros, que tuviésemos fe en Dios. Los tiempos de comenzar una labor son difíciles, pero nosotros somos lo permanente. Nos hacía considerar que el Fundador de la Obra había tenido que superar muchos obstáculos, pero que la Obra había ido siempre adelante»[148].

Con la fe, su esperanza fue creciendo a lo largo de su vida. Convencido de estar embarcado en un querer de Dios, don José María ponía en juego sus talentos y todo lo confiaba a la oración. Ante los encargos recibidos, se apoyaba en el Señor con seguridad plena, fiado en Él y en los medios sobrenaturales: oración y penitencia. Como relataba otra persona: «No dejaba de emprender tarea alguna de apostolado, aunque fuera difícil, porque sabía que el Señor pondría el incremento»[149].

En 1961 llegó a Alemania. Su aportación apostólica fue notable, como recordaba don Alfonso Par: «Los cimientos y las directrices iniciales y el asentamiento de la labor apostólica en Alemania los puso y son obra de don José María. Cuando llegó él, nosotros no sabíamos cómo seguir adelante (...). Con su llegada cambió todo. Es decir, nos sentimos seguros, protegidos y dirigidos. Fue como el cambio de un día nublado a un día de sol esplendoroso. La misma realidad exterior de la labor, con sus dificultades objetivas, pero ahora todo lleno de color, de sentido y de vida, con visión clara y con perspectivas optimistas. (...) Para mí, tener a don José María, era como tener a nuestro Fundador junto a nosotros. Don José María tenía identidad de criterio, completamente leal a su espíritu y poseía, además, una inteligencia muy práctica y excepcional»[150].

Unida a la fe y la esperanza está la caridad. Su amor a Dios se manifestaba en el cuidado con que realizaba diariamente las prácticas de piedad que tenía previstas, de modo particular las eucarísticas: «Su amor a la Misa y el modo como la celebraba infundían mucha devoción. La manera tan devota con que besaba el altar, justo al empezar, te dejaba ver que realmente era para él su cita más importante del día»[151].

Se metía en Dios al celebrar la Eucaristía: «Su amor a Dios era visible cuando celebraba la Misa. Sin distraerse se concentraba en las palabras, leía despacio con esfuerzo, pues él tendía a leer rapidísimo. Podía leer en diagonal, pero en la Misa se detenía en cada pausa y se esforzaba en pronunciar cada palabra»[152]. También se recogía al impartir la bendición con el Santísimo. Algunas de las primeras mujeres del Opus Dei recuerdan que comentaron entre ellas: «¡Cómo aprieta don José María el copón contra su pecho, después de darnos la Bendición con el Santísimo!: ¡Le da un abrazo!»[153]. Precisamente en los años posteriores al Concilio Vaticano II, cuando se produjeron graves abusos en materia litúrgica, don José María puso especial empeño en vivir con intensidad y unción los ritos establecidos por la Iglesia. Sabía que solo así podría orientar a los fieles del Opus Dei y a las personas que atendía sacerdotalmente[154].

También tenía una gran devoción a la Santísima Virgen. Son muchos los testimonios de su trato confiado y sereno con la Madre de Dios. Veneraba especialmente el Santo Rosario, en el que ponía siempre pequeñas y grandes intenciones[155].

Explicaba, con gracia, en una meditación, la entrega generosa a los demás: «Uno de los secretos de la vida cristiana es que cuanto más se da más se tiene»[156]. Su cariño y delicadezas con los demás eran constantes. Sabía estar en los detalles, como lo ponen de manifiesto las atenciones que prodigó a José Gabriel de la Rica, poco después de trasladarse a Alemania: «Al día siguiente de llegar, sin duda por el frío –hacía una temperatura de -17° y unos días después de -21°–, me puse enfermo y don José María estuvo continuamente pendiente de mí, aunque en la casa no había causado más que trastornos. Se ocupó de si tenía frío, si comía, si iba aprendiendo alemán. Ya la primera impresión que me hizo fue la de tener una constante preocupación por la gente de la Obra»[157].

Por otra parte, su falta de oído no le facilitaba aprender idiomas, ni expresarse adecuadamente. Su entusiasmo y entrega removían más que sus palabras. Cuando viajaba a los diversos países, ayudaba en todo lo que fuera necesario, material o espiritualmente. Su humildad y realismo le llevaban a servir sin aspavientos, pero también aceptando sus limitaciones: «A mi parecer, tenía cierta dificultad de expresión; sin embargo, poseía don de gentes, inspiraba una gran confianza, tenía mucho sentido del humor, sabía hacer bromas con gran delicadeza, cariño y oportunidad»[158].

Era fuerte, fogoso, alegre, con garra. No tenía la capacidad de expresión que hubiera deseado, quizás también porque sus pensamientos eran demasiado rápidos. No obstante, se esforzaba por buscar ejemplos que hicieran más accesible lo que deseaba comunicar[159].

Otro aspecto decisivo en su personalidad era el realismo cristiano, como señalaba el Prof. Inciarte: «Si yo tuviera que decir lo que más me llamaba la atención de don José María después de los muchos años que pasé con él, diría, sin duda, una extraordinaria mezcla de realismo y de espíritu sobrenatural. "Mezcla" no es aquí una palabra muy apropiada. La impresión que tenía y tengo, de él, es que ambos ingredientes –el espíritu sobrenatural y el realismo, o, mejor, naturalismo– hacían cada uno de por sí ya el cien por cien de su actitud ante la vida. Esto le permitía analizar los acontecimientos y sus protagonistas con una agudeza y falta de paliativos total, y a la vez con un espíritu de comprensión específicamente cristianos»[160].

Todo esto parece muy normal en su vida, pero debió de exigirle mucho sacrificio, como precisaba don Alfonso Par: «No se piense que para don José María este encargo, venir a Alemania y ocuparse de levantar y hacer resurgir la labor, era cosa fácil. No solo había la dificultad objetiva en sí –empezar la labor en un país de características tan distintas y con unos elementos humanos tan poco apropiados– sino que además, hay que tener en cuenta el aspecto subjetivo relativo a su persona misma. En primer lugar su edad, entonces estaba por encima de los cincuenta. A esa edad uno ya no está para aventuras, incomodidades materiales, con mucha frecuencia teníamos que cocinar nosotros, los viajes, los desplazamientos; y, sobre todo, tener que habérselas con una mentalidad tan distinta, etc. (...) ¡Cómo supo prescindir de sus gustos personales y entregarse con ilusión a la labor que nuestro Fundador le encomendó! ¡Y cómo se interesaba por su nuevo país! ¡Y cómo conocía y quería a los alemanes!»[161]

Su confianza total en Dios le llevaba al convencimiento de que el Opus Dei se realizaría en el mundo y, por tanto, obedecía delicadamente a los Directores del Opus Dei, como cauce de la voluntad de Dios. Tiempo después, en una meditación de 1972, hablando de disponibilidad y de confianza en Dios, como quien lo tiene bien experimentado, don José María decía: «Mi nuevo trabajo, por la labor, o el lugar, habrá exigido alguna renuncia o un nuevo acoplamiento, pero mi trabajo será aliciente para seguir sirviendo y para ver la utilidad de mi trabajo y la bondad de Dios que hace fructificar la buena voluntad de servir a la Obra y la ayuda que ha prestado a otros»[162].

Esa confianza se convertía en camino maravilloso de obediencia, esencial en la vida apostólica: «Aceptemos lo que dicen los Directores –exponía en la misma meditación– y luego los hechos vendrán a confirmarnos que aquello era razonable y dirigido a nuestro bien. Ha de ser, por tanto, una aceptación gozosa, no a regañadientes o como quien hace un favor extraordinario. De esta forma, nuestra vida será paz para nosotros y los encargados de decidir podrán sopesar sus decisiones mejor y más aprisa, y con una mayor eficacia»[163]. Agradecía las correcciones que se le hacían y más si venían del Padre. En una ocasión comentó: «Si nuestro Padre nos hace una advertencia, tenemos que agradecerle mucho la confianza que demuestra corrigiéndonos y recibir la corrección con naturalidad; porque si somos flojos, nuestro Padre no podrá corregirnos»[164].

Por otro lado, don José María exponía las exigencias de la entrega con atractivo, con luces nuevas: «No se puede olvidar que hemos de poner en nuestro trato apostólico una personal simpatía, que es manifestación de hacer las cosas con ilusión y cariño, y no como un mandado; de este modo contribuiremos para que las cosas de nuestra Fe y de nuestra vida interior dejen de tener un aspecto árido y aburrido»[165]. Como había aprendido del Fundador del Opus Dei, la libertad era esencial en ese espíritu[166]: «Me siento libre –decía don José María– al aceptar toda esa doctrina que la Obra nos proporciona. La valoro, la aprecio y me veo feliz al recibirla y al contemplar todas las posibilidades que esa doctrina contiene»[167]. Años después, recordaba Carmen Mouriz ese rasgo de la formación que impartía don José María: «Imprimió en mí, para siempre, algo fundamental del espíritu del Opus Dei, que hasta ese momento no me había planteado en su necesaria radicalidad: la libertad individual del hombre y su responsabilidad en todo acto. No recuerdo haber sentido nunca el "peso" de tener que ser santa y de hacer apostolado, sino la "ilusión" de contagiar el amor de Dios al mundo entero»[168].

Cuando estaba con el Fundador del Opus Dei, incluso después de años de trato, don José María seguía emocionándose, porque veía en él la persona puesta por Dios para abrir y marcar el camino. «En las dos tertulias que tuvimos –una antes y otra después de comer–, me conmovió ver a don José María junto a nuestro Padre –era la primera vez que tenía ocasión de hacerlo– y su actitud se me quedó muy grabada: no quitaba la vista de encima a nuestro Padre, escuchaba sus palabras con verdadera veneración y estaba atento a sus más mínimas insinuaciones; *desaparecía* al lado del Padre. Era la imagen de ese hijo fidelísimo que siempre demostró ser»[169].

La confianza del Fundador en don José María fue constante a lo largo de los años; valga de ejemplo una sencilla carta que le envía a París: «Querido Chiqui: que Jesús te me guarde. Solo dos letras, para acusar recibo de tu última, que me dio tanta alegría. Y también para decirte que conviene que te des una vuelta por Inglaterra y por Irlanda, antes de venir a la Convivencia»[170]. Otras veces escribía para pedirle ayuda y, al mismo tiempo, facilitarle el descanso: «Solo una letricas, para decirte que me dará mucha alegría si puedes venir a Roma durante la Convivencia (...), que comenzará el veinte del próximo febrero: te espero hacia el dieciocho y así descansarás unas semanas y nos ayudarás en ese trabajo»[171].

Resulta también conmovedor otro detalle de afecto de San Josemaría, al facilitar que don José María fuera a Madrid para acompañar a su madre en sus últimos momentos: «Acaba de llegar tu carta, y te pongo estas líneas para decirte que me dará mucha pena si no estás junto a tu madre en estos días, que pueden ser los últimos de su vida mortal.

Ve: llévale todo mi afecto y mi bendición. Aunque el Señor os la ha querido dejar en la tierra hasta hacerse tan anciana, yo pido a la Santísima Virgen que si conviene os la deje más tiempo»[172]. Falleció meses más tarde y el Padre volvió a ponerle unas letras: «He esperado a poder enviarte a mano estas letras, para decirte cuánto he encomendado al Señor el alma de doña Adela, aunque estoy cierto de que estará gozando de Dios, después de una vida larga y ejemplar. Te ruego que hagas presente a tus hermanos la parte que tomo en vuestro dolor, y diles que no dejo de hacer sufragios. Doy gracias a Dios, porque te hice ir a Madrid y pudiste pasar junto a tu madre el último día de su santo»[173].

Las cartas de don José María a Roma, narrando los sucesos grandes y pequeños de la labor apostólica en Europa, suponían un gran apoyo para el Fundador de la Obra: «Tu carta me ha llenado de consuelo al ver cómo me ayudas, con tu oración y tu sacrificio, a llevar la carga que nuestro Jesús pone sobre mis hombros, y que tú sabes bien que tantas veces es muy pesada. Mi corazón se llena de alegría ante las continuas manifestaciones del celo ardiente y de la visión sobrenatural con que trabajáis todos»[174].

En estos años, pasó algunas temporadas breves en Roma, donde trabajó con San Josemaría y recibió el aliento de su espíritu y de su palabra[175]. Su regla de vida fue siempre: fidelidad al espíritu del Opus Dei y, por tanto, obediencia a su Fundador. Su carácter fuerte y su conciencia de llevar un tesoro en sus manos hacía que, por donde fuese, deseara impulsar la labor apostólica como lo haría San Josemaría[176].

Durante esa época, don José María Hernández Garnica desempeñó diversos cargos de gobierno dentro de la Obra, sin darse ninguna importancia y sin estar apegado a ellos. Su preocupación era pasar inadvertido y servir a los demás. Cuando era preciso, sabía reconocer sus errores. Le costaba contar cosas personales, como pudieron apreciar quienes convivieron con él: «No hablaba de sí mismo y cuando le forzábamos a hacerlo con cualquier motivo, por ejemplo la narración de acontecimientos de la historia de la Obra, contaba los sucesos con sencillez y precisión, pero procurando ponerse a sí mismo modestamente en la sombra»[177]. Si le preguntaban por algún hecho histórico del Opus Dei en el que hubiera tenido parte, sabía desviar la respuesta hacia el Fundador, expresando la idea de que junto a él era muy natural vivir vida de fe, porque él la comunicaba[178].

La escasez de medios nunca le frenó en el desarrollo de la labor apostólica, ni siquiera cuando ya tenía una edad avanzada y aparecieron los primeros achaques. Sus rinitis y la sinusitis crónica que padecía le llevaban a estar frecuentemente acatarrado. Sin embargo, el clima húmedo, las precipitaciones y bajas temperaturas del invierno en Europa central, no le impedían hacer vida normal, con buen humor[179], porque ofrecía a Dios esas molestias. Lo sobrenatural y lo humano se iban enlazando armoniosamente en la vida de don José María.

Su afición a los arreglos de la casa, adquirida en sus tiempos mozos de Ferraz, se convirtió en algo providencial. Por ejemplo, un día hacía falta un altar para el nuevo Centro de mujeres de Amsterdam y, ante la escasez de dinero y la premura de tiempo, don José María se arremangó y con paciencia, gusto y buen hacer fabricó uno. Al terminar escribió unas palabras repetidamente meditadas durante la ejecución del trabajo: *Iesu, Iesu, esto mihi semper Iesus*[180].

Su hermana María fue una vez con su marido a visitarle a París. Don José María quiso enseñarles el Centro de Rouvray. Les enseñó también «el Oratorio donde él había trabajado mucho en el retablo, la carpintería del altar y el policromado. Su hermana, al verlo le comentó, que eso era un milagro de la Obra. Porque de pequeño "eras un manazas, deshacías un reloj y siempre te sobraban piezas". Él contestó: "la gracia de Dios actúa cuando se la necesita"»[181].

También se movía para conseguir medios económicos: «buscaba trabajos de traducción al español de textos de ingeniería (...). Así contribuía a los ingresos del Centro, sin tener que dejar de estar en casa. Se pasaba horas trabajando con la máquina de escribir»[182]. Se preocupaba de pedir dinero y enseñar a los demás a hacerlo. Le decía a Carmen Mouriz: «lo que tenemos que hacer es sembrar, por eso, si vas a hacer una gestión económica llévate siempre a alguien para que vaya aprendiendo, porque es muy fácil decir que hay que pedir dinero, pero hay que aprender a hacerlo, así que tú, llévate siempre a alguien contigo. (...) Resultaba fácil, porque él iba siempre por delante, abriendo camino; seguirle era muy sencillo»[183].

Otra faceta importante de la vida de don José María era el afán por estudiar. No dejaba de cultivar la ciencia teológica y, aunque no se hubiera dedicado a la investigación, tenía una gran claridad de ideas en las cuestiones de actualidad; sabía aplicar la doctrina a la vida, con precisión. Sus clases en las actividades ordinarias de formación del Opus Dei tenían altura académica. Llevaba a los alumnos al núcleo teológico, ya que dominaba la Sagrada Escritura y la Tradición patrística.

El final de los años 50 y los primeros 60 supusieron un gran hito en la Iglesia: la preparación, celebración y recepción del Concilio Vaticano II, que trajo una doctrina muy rica, de la cual la Iglesia ha extraído magníficos frutos. Por otra parte, se presentaron algunas sombras, sobre todo, en aquellos países donde iba a vivir don José María los años siguientes. Rebrotaron algunas corrientes modernistas de comienzos del siglo XX, que buscaron afirmar sus tesis, no en la letra del Concilio, sino en lo que se denominó su «espíritu». La dolorosa aparición de un fenómeno de contestación dentro de la Iglesia que trataba de minar la autoridad del Magisterio, hizo sufrir al Papa, a los pastores y a los fieles[184]. A la vez que se producían situaciones de desorientación en algunos sacerdotes y laicos, la situación de bienestar y opulencia derivados del desarrollo económico empezó a secularizar muchos ambientes en perjuicio de la fe.

La esmerada preparación intelectual de don José María le fue de gran utilidad para su vida interior y para formar a las personas que se acercaban a la labor del Opus Dei en una Europa sumida, primero, en la crisis de la posguerra europea; y, después, en la confusión –de algunos ambientes– en la recepción del Concilio Vaticano II. Por eso la huella que dejaba era positiva, como recuerda una persona que asistió a sus clases: «Nunca le oí un comentario negativo, desesperanzado o falto de fe. Siempre realista, hablaba de dar doctrina, la de siempre. Y nos decía: —Hemos venido a aprender. ¡Hay tantas cosas buenas en esta tierra!: el amor a la Virgen, el espíritu de trabajo, la solidaridad (...). Formaos bien doctrinalmente y formad a todas. Doctrina y cariño por las personas, amistad de verdad»[185].

A la vez, consciente de la grave situación y de la escasez de posibilidades reales de muchos cristianos corrientes de entrar en el debate teológico, don José María expresaba con gran sentido común la necesidad de dar formación doctrinal a través del apostolado personal. El estudio de la fe no era para él algo erudito, ni solo para alimentar su propia vida espiritual, sino que tenía siempre un objetivo apostólico; «la doctrina la he hecho mía y al hacerla mía me siento obligado por lealtad y responsabilidad a que otros la conozcan, la aprecien y la hagan también suya. Esa responsabilidad está tan metida en mi vida, que veo claro que, si no me preocupo de difundir la Verdad, esa misma Verdad en mí poseída se diluye y me pongo en peligro de perder para mi vida esa Verdad –ese don de Dios– antes bien poseída»[186].

Su capacidad para inculturizarse en cada nuevo país era verdaderamente admirable. Enseguida se situaba sobre cómo debe vivir un cristiano coherente: qué prensa vale la pena leer y cuál debe estar presente en un hogar cristiano[187].

Era patente, más aún en esos años, su amor a la Iglesia: «Algo consolador es la alegría y paz que da la fe cristiana bien vivida. Cristo no nos dejó huérfanos: nos dio a la Iglesia y con Ella la seguridad de disponer siempre del consuelo de los sacramentos, especialmente los de la Penitencia y la Eucaristía»[188]. Seguía con fidelidad lo dispuesto por el Fundador del Opus Dei acerca de mantener un trato fluido con las autoridades eclesiásticas, informándoles de la labor apostólica, para vivir la unidad con el Obispo de cada lugar. Don Alfonso Par comenta de sus años en Alemania: «Don José María tenía como un carisma para el trato con las personalidades eclesiásticas y especialmente las de la Curia diocesana. Él nos iba indicando lo que debíamos hacer, los puntos concretos a tocar, la información constante de la labor que hacíamos, detalles de deferencia que debíamos cuidar tanto con el Cardenal Frings, como con el Dr. Teusch y los demás miembros de la Curia de Colonia, etc.»[189].

Por otro lado, gran parte del trabajo apostólico que realizaba por los países europeos le llevaba a conocer y tratar a muchos luteranos, calvinistas y anglicanos. Con todos ellos buscaba inmediatamente crear una corriente de simpatía y de afecto, llegar a la amistad. Bien consciente era de lo que les separaba en materias doctrinales, pero también de que solo el diálogo confiado podría crear el necesario clima de confianza mutua. Al ver el cariño con el que eran tratados en los Centros del Opus Dei, muchos de aquellos hombres y mujeres cambiaban sus disposiciones respecto a la Iglesia Católica. De esta manera, don José María fue cauce para que la gracia de Dios actuara y se dieran conversiones al catolicismo. Este modo de actuar lo había aprendido del Fundador del Opus Dei[190].

Los cambios sociales y culturales en Europa a finales de los años sesenta se realizaron vertiginosamente. Entre los años 1966 y 1969, hubo una verdadera revolución en Europa, especialmente entre la gente joven. Un poco después, en Barcelona, durante 1972, don José María paseaba en un colegio de chicos. La moda del pelo largo había llegado a España con algo de retraso: «Recuerdo perfectamente una anécdota en la que se refleja cómo respetaba y defendía la libertad en el modo de actuar y de ser de todas las personas. Una mañana de domingo paseábamos con don José María otro que solía acompañarle y yo. A nuestro lado pasó un chico con un pelo bastante largo y no muy cuidado y una poblada barba, cosa que, en aquellos años, no era muy frecuente. El que venía con nosotros comentó en plan de broma que "yo, a estos, los raparía al cero y los afeitaría en seco". En ese momento, don José María no comentó nada; pero al poco rato, escribió en su libreta, pues apenas podía hablar por su enfermedad, preguntándome si en mis alumnos había algún chico con barba o con melena. Ante mi respuesta, un tanto vehemente, que "ni mucho menos", anotó en su cuaderno: "Eso es tiranía" y añadió un comentario sobre el respeto que hemos de tener a la libertad y al modo de hacer de todas las personas, que siempre había defendido el Padre. Comentó, sin darle ninguna importancia, que si los de la Obra que habían ido a otros países -especialmente del centro de Europa- hubieran actuado con nuestra rigidez y falta de comprensión, no habrían podido hacer nada»[191].

VIII. Enfermedad y muerte

Desde su juventud, por la lesión renal, don José María había tenido una salud delicada. Además, llevaba con naturalidad una soriasis, que le obligó por temporadas a no poder utilizar el alzacuellos y a usar –con la debida licencia– cuellos de camisa blancos por fuera de la sotana[192].

Con el tiempo, aparecieron otras enfermedades, como la que exigió una operación quirúrgica en 1962. Con ese motivo, le escribió San Josemaría: «Acaba de llegar tu carta del 5 (de febrero), y me apresuro a escribir, para decirte que te pongas cuanto antes en manos de los médicos y que nos tengas al tanto de tu salud. Estoy seguro –*omnia in bonum*– de que ahora te curarán del todo»[193]. Se le habían presentado unos pequeños carcinomas en la piel, con aspecto de verrugas, de los que tuvo que operarse[194].

Don José María obedecía las indicaciones médicas, aunque a veces le costara. Lo recordaban en Alemania: «Por el año 1968 ó 1969 los médicos le recomendaron que hiciera ejercicio. Para él, esto significaba un esfuerzo y un vencimiento considerable, pues no era amigo en absoluto de hacer ejercicio físico. Era deportista de televisión; entendía mucho de fútbol, de caballos, etc., pero nunca le vi practicar ningún deporte, ni en verano, ni en ninguna otra ocasión. Cuando los médicos le dieron este consejo, él se las arregló para que su hermana le regalara una de esas bicicletas de ruedas pequeñas que entonces se usaban mucho. Desde aquel día iba en bicicleta desde la casa de la Comisión a los otros centros donde tenía que celebrar la Santa Misa, o dedicarse a otras labores sacerdotales»[195].

A partir de 1970 su salud empezó a quebrantarse seriamente. Tantos años de entrega sin límite, llevados con extraordinario buen humor, comenzaron a pasar factura a su organismo. La dolencia que ahora padecía era una hernia abdominal: en marzo de 1970, en la Clínica de la Universidad de Navarra, diagnosticaron la necesidad de operarla, por el tamaño y los dolores que le producía[196].

En 1972, a finales de enero, don José María llegó de nuevo a Pamplona para ser tratado de problemas en la garganta. Cada vez le costaba más la deglución de los alimentos y la pronunciación de algunas palabras. La exploración a la que fue sometido mostró parálisis de parte de la lengua. Comenzaron los estudios y pruebas para averiguar la causa.

A la vez que se ponía en manos de los especialistas, desplegó una gran actividad apostólica. Tenía, como le gustaba pedir al Padre para sus hijos sacerdotes, el tiempo muy ocupado. No hacía más que seguir con la tónica de su vida de entrega. Como comentaba Alejandro Digón, que vivió con él en Colonia: «Don José María no disfrutaba de un estado de salud normal debido a varias operaciones quirúrgicas que le habían hecho en la última época de su vida, y al cáncer de piel. Sin embargo, mientras tuvo un mínimo de fuerza física se sobreponía al agotamiento y luchaba por cumplir el plan de vida y el plan de trabajo de una manera normal, que quiere decir heroica. La misma fortaleza demostraba en el empuje con que planteaba los planes apostólicos de la región de Alemania»[197].

En Pamplona, don José María se metió de lleno en la vida de su Centro. Les ayudó a vivir de modo práctico la pobreza y el buen gusto en el mantenimiento de la casa. Por ejemplo, sugirió mejoras en la decoración: desde hacer un Vía Crucis para el Oratorio con unos recortes de listones que sobraron de otro trabajo[198], hasta buscar con detenimiento unas sillas que se debían comprar para el comedor.

Don José María, al final de su vida, como desde el comienzo de su entrega al Señor, se exigía mucho. Su carácter –fuerte, sereno, racional– le llevaba a no ceder a la comodidad de emplear más tiempo del debido en hacer una cosa. A todos los que convivían con él, les asombraba su rapidez en leer el periódico en el desayuno; resumía las noticias y con acento castizo madrileño añadía: «¡Al trabajo!».

Mientras, la enfermedad seguía su curso. En estos meses, don José María escribió a máquina varias meditaciones para que se leyeran en el oratorio, ya que no podía predicar de viva voz. Como tenía paralizada gran parte de la lengua, solía tomar papillas y líquidos, y buscaba el medio de evitar trabajo a quienes se ocupaban de preparar esos alimentos. Procuraba comer lo que le ponían, aunque cada vez le resultaba más doloroso. En cierta ocasión, el que le acompañaba notó que a don José María le estaba produciendo fuerte dolor el paso de la comida. Con disimulo procuró ponerle menos cantidad de puré en el plato. Don José María se dio cuenta enseguida y, sonriendo, dijo que le sirviera todo mientras añadía que había muchas cosas por las que ofrecer aquellas molestias.

Mientras pudo celebró la Santa Misa, con toda la unción posible. Su piedad en aquellos días atraía y estimulaba. Se quedaba bien grabado en el alma de todos su modo de adorar después de la Consagración, rendida la cabeza.

En este tiempo, continuaba al tanto de las necesidades de los países de Europa y de la labor que en ellos se realizaba. En una carta al Consiliario del Opus Dei en Holanda escribía: «La alegría al escuchar las buenas noticias de Holanda es inmensa. Ya se ve que se ha empezado a romper el fuego y es cuestión de insistir, no cejar y seguir pidiendo al Señor, por intercesión de la Virgen, que conserve nuestro espíritu y la familia seguirá creciendo. Las noticias de Utrecht son estupendas. Tener un nuevo sitio –en ciudad distinta– donde poner el pie es un aliciente enorme. Ya supongo que como todo crecimiento trae problemas consigo pero, como el Padre nos dice, no hay rosas sin espinas. Yo encomiendo todos los días vuestra labor y a vosotros»[199].

El 22 de marzo le sobrevino una crisis cardíaca bastante grave. Mientras le llevaban a la Clínica de la Universidad de Navarra, don José María pidió a los que le acompañaban que le fueran repitiendo jaculatorias al oído. En esa ocasión, al pasar delante del portero de la finca, no dejó de saludarle con afecto. El portero quedó notablemente impresionado por la caridad y el cariño de aquel detalle. Días después se repitió la alarma; no obstante, don José María superó esos problemas cardíacos.

En este tiempo, tuvo la dicha de estar con San Josemaría. El Fundador del Opus Dei pasó unos días en Pamplona en la primavera de ese año. Un día, don José María se colocó medio escondido en un rincón de la sala de estar del Colegio Mayor Aralar, donde se desarrollaba una reunión familiar. Prestaba atención a las palabras del Padre como si fuera la primera vez que las escuchaba. Al terminar la tertulia, uno de los que vivían con él hizo notar la presencia de don José María. Enseguida, el Fundador de la Obra le llamó y le dedicó un buen rato a solas. Días después, don José María comentaba con sencillez: «yo hice lo que me parecía que tenía que hacer: no dar la lata». Y dirigiéndose al que dio el recado, añadió: «y tú hiciste lo que me parece que tenías que hacer».

D. José María pasó unas semanas estabilizado, con cierta mejoría. El 13 de septiembre se hizo una biopsia y se comprobó la existencia de un carcinoma de células escamosas con un grado moderado de diferenciación. Se vio necesario iniciar enseguida un tratamiento de radioterapia de cuyo efecto dependerían las posibilidades de curación. Para llevarlo a cabo, se estudió realizarlo en el M. D. Anderson Hospital de Houston (Texas) o en el Hospital de Cáncer de Manchester. Sin embargo, los médicos consideraron que podría practicarse la misma técnica y obtener los mismos resultados en Barcelona, con el Dr. Luis Salvador, que había sido Profesor de la Facultad de Medicina de la Universidad de Navarra. Estaba perfectamente capacitado para realizar el tratamiento que necesitaba don José María: contaba con el instrumental y la competencia necesarios.

Cuando se le comunicó el diagnóstico definitivo y las posibilidades de tratamiento, don José María recibió con mucha serenidad toda la información. En esos días, recibió unas letras de San Josemaría: «He recibido tu última carta y le he dado muchas gracias al Señor por ese nuevo diagnóstico, que me hace pedir todavía con más insistencia tu curación al Señor y a nuestra Bendita Madre. Agradezco también a la Santísima Virgen la paz y el abandono que quiere mantener en tu alma. Sigue así, hijo mío, que tus molestias son clamor de oración a Jesucristo Nuestro Señor por esta Santa Iglesia suya»[200].

Plenamente consciente de su gravedad, don José María se trasladó a Barcelona, y fue preparando su alma por si había de rendir la vida a su Creador, a la vez que no dejaba de impetrar la curación para servir a Dios y a la Iglesia. En estos últimos meses, su heroísmo se hizo más patente en el cultivo de las virtudes humanas y sobrenaturales. La purificación por el dolor fue más intensa, y crecieron también su alegría y buen humor, fruto del ejercicio de la filiación divina y de su unión con la cruz de Jesucristo.

Cuando se le preguntaba cómo estaba, o si había dormido bien, contestaba sonriente con un «muy bien» o «como las rosas». Los Directores inmediatos y los médicos conocían la intensidad de sus dolores y sus constantes insomnios. En esas circunstancias, don José María aumentaba su preocupación apostólica y la vida de piedad. Solo así se entiende que llevara con tanto garbo humano y sobrenatural esos grandes sufrimientos. Al haber perdido el habla, debía hacer sus sugerencias o sus correcciones a través de terceras personas. Con cariño inmenso, pero con claridad, ayudó a quienes le rodeaban a ser más fieles al espíritu del Opus Dei.

La primera impresión de los médicos en Barcelona no fue muy favorable. Tenían solo la esperanza de que se detuviera el proceso. No confiaban en una recuperación sensible: descartaron que mejorara en la deglución, o en el habla.

Para facilitarle el descanso, vivía en un Centro de la Obra en las afueras de la ciudad, en San Cugat del Vallés. Los dolores eran cada vez más fuertes. Los médicos le daban calmantes también para que durmiese por la noche. De todas formas, tenía muchas molestias. Hubo un momento en que se le saltaron las lágrimas: «Ya se necesita optimismo para vivir así: comer, un asco para mí y tormento para todos. Pero vale la pena luchar para vivir con minúscula y después Vivir». Enseguida cambió y recuperó su sentido del humor habitual. Iba respondiendo al tratamiento mucho mejor de lo que los médicos esperaban. Esto no quería decir que las molestias fueran menores, pero se había reducido la tumoración un 30%, aproximadamente, de tal forma que se podía explorar la garganta, cosa que resultaba imposible cuando había llegado a Barcelona.

Su mayor sufrimiento fue dejar de celebrar la Santa Misa[201] y, después, no poder ni siquiera comulgar. En esos momentos, se hizo mayor su cuidado amoroso del plan de vida espiritual: oración, Santo Rosario, jaculatorias, así como la repetición de las comuniones espirituales. Con buen humor, pero también con claridad, se quejaba de los gastos que estaba ocasionando: «mala inversión hacéis». A la vez, se dejaba querer por quienes le atendían.

El 22 de noviembre se le trasladó por unas horas desde la Clínica Quirón, donde había sido internado unos días antes, a un Centro del Opus Dei en Barcelona. Allí San Josemaría le vio por última vez. Don José María quiso que se cuidasen los detalles de esa entrevista, para que le encontrara muy bien, «al menos externamente», dijo con buen humor. El Padre llegó sobre la una de la tarde y dio un abrazo muy fuerte a ese hijo suyo ya gravemente enfermo.

El 3 de diciembre, don José María comenzó a tener pequeñas hemorragias; a juicio de los médicos, en principio, no eran graves. Sin embargo, él escribió una nota –ya no podía hablar– en la que decía: «los médicos dicen que no tiene importancia; pero yo digo que no tiene más importancia que la importancia que tiene»[202]. Y entregó lo escrito con una sonrisa llena de abandono y serena alegría.

Así se llegó al 7 de diciembre. Por la mañana, mientras hacía oración con el que le acompañaba, empezó a tener una hemorragia parecida a la de días anteriores. Ni los médicos, ni las enfermeras pensaron que se produciría un desenlace inminente. Don José María fue consciente de que se consumía su tiempo de vida en la tierra. Al poco de comenzar la hemorragia, pidió la Unción de los enfermos, pero falleció enseguida. Antes de expirar y estando aún plenamente consciente, se le administró la absolución sacramental. Falleció con una paz y serenidad envidiables, dando gracias a todos por lo que habían hecho por él. Eran las 9,30 de la mañana. Fue velado y enterrado en Barcelona, acompañado por el cariño y la veneración de muchas personas.

Habían transcurrido treinta y siete años de entrega en el Opus Dei, años de servicio incondicionado al Señor, procurando vivir con fidelidad el espíritu que había recibido directamente de San Josemaría. La vida de don José María Hernández

Garnica está ya incorporada para siempre a la historia del Opus Dei. Además, su peregrinar por tantos países de Europa, llevando la semilla del Evangelio, hacen de él un modelo de santidad en medio del mundo para personas de las más variadas culturas y mentalidades. Puede verse en don José María a un apóstol de Europa, cuando vislumbramos la realidad de unos países europeos más unidos que nunca.

Tras conocer su fallecimiento, comentó el profesor Inciarte: «Recibí la noticia de su muerte cuando yo estaba desayunando en Stadtwaldgürtel y se me escapó un "gracias a Dios". Porque sabía lo mucho que había sufrido durante su vida, e incomparablemente más, al final de su vida; y desde entonces no me ha abandonado la sensación de haber vivido bastantes años de mi vida con alguien que al final y de modo bastante directo, había alcanzado definitivamente la santidad»[203]. Y Amparo Martín de Rosales, Directora de la residencia de Lovaina, decía: «A don José María, desde que se fue al Cielo, siempre le he pedido muchas cosas, nunca he dudado que le veríamos en los altares»[204].

Son muchas las personas, de toda clase y condición, que han acudido en estos años a Dios para pedir por sus necesidades espirituales y materiales a través de don José María Hernández Garnica. Ojalá que estas sencillas líneas sirvan para que, conociendo su heroicidad en la práctica de las virtudes, sean muchas más las que acudan a su intercesión y se beneficien del ejemplo de su vida.

NOTAS

[1] Testimonio de D.Florencio SÁNCHEZ BELLA, AGP, RHF, T-08250, p.32

[2] Tomado de Pilar URBANO, **El hombre de Villa Tevere,** Plaza & Janés, Barcelona 1993, p. 265.

[3] Cfr. Boletín de notas del Colegio del Pilar, con anotaciones del director del colegio, fechado el 23 de diciembre de 1928. AGP, JHG D-00131. Cfr. Teresa y María TEMES HERNÁNDEZ, AGP, JHG, T-00060, p. 1.

[4] Instancia redactada y firmada por José María al Director de la Escuela de Minas, fechada el 23 de septiembre de 1932. AGP, JHG, D-00202

[5] Cfr. José María HERNÁNDEZ GARNICA, **Meditaciones,** 19.II.1972, AGP, JHG, E-00061, p. 1. En 1972 D. José María Hernández Garnica, afectado por el cáncer, ya no puede hablar, y redactó algunas consideraciones espirituales, para que fueran leídas en el Oratorio del Centro del Opus Dei donde vivía. Nos referiremos a esos textos, bajo el título "Meditaciones".

[6] Cfr. AGP, JHG, D-00208

[7] Adolfo LLORENTE, AGP, JHG, T-00031, p. 31

[8] Copia digitalizada de la HISTORIA CLÍNICA conservada en la Clínica Universitaria de la Universidad de Navarra, de José María HERNÁNDEZ GARNICA, AGP, JHG, D-00199, p. 1

[9] Mateo Azúa había empezado a frecuentar la Academia DYA el curso anterior, con su hermano Luis. Ambos eran estudiantes de Ingeniería de Minas y eran de Bilbao. Cfr. AGP, RHF, D-03696, p.1

[10] Cfr. Andrés VÁZQUEZ DE PRADA, **El Fundador del Opus Dei,** ed. Rialp, Madrid 1997, Vol. I, pp. 508-519. José Luis MÚZQUIZ, AGP, RHF, D-4417, p.10.

[11] Tomado de Andrés VÁZQUEZ DE PRADA, **El Fundador del Opus Dei,** op. cit., Vol. I, p. 527

[12] José María HERNÁNDEZ GARNICA, **Meditaciones,** 8.V.1972, AGP, JHG, E-00069, p. 2

[13] Cfr. John COVERDALE, **La fundación del Opus Dei,** ed. Ariel, Madrid 2002, pp. 128-129

[14] Cfr. Vicente CÁRCEL ORTÍ, **Historia de la Iglesia en la España**

Contemporánea, ed. Palabra, Madrid 2002, pp.155-164. Andrés VÁZQUEZ DE PRADA, **El Fundador del Opus Dei,** op. cit., Vol. I, p. 577

[15] Cfr. Pedro CASCIARO, **Soñad y os quedaréis cortos**, ed. Rialp, Madrid 1996, p.182

[16] Cfr. John COVERDALE, **La fundación del Opus Dei,** op. cit., p.128. José Luis MÚZQUIZ, AGP, RHF, D-4417, p.18.

[17] "Callado y simpatiquísimo". Francisco BOTELLA, AGP, RHF T-159-I, p.12.

[18] "Pasando Jesús junto al lago de Galilea, vio a Simón y a Andrés, el hermano de Simón, echando las redes en el agua, pues eran pescadores. Y Jesús les dijo: *Venid conmigo y os haré pescadores de hombres*. Al instante dejaron las redes y lo siguieron". Mc 1, 16-18.

[19] José María HERNÁNDEZ GARNICA, **Meditaciones,** 19.II.1972, AGP, JHG, E-00061, p. 2.

[20] Pedro CASCIARO, **Soñad y os quedaréis cortos**, op. cit., p. 31.

[21] José María HERNÁNDEZ GARNICA, **Meditaciones,** 21.IV.1972, AGP, JHG, E-00066, p. 1.

[22] José María HERNÁNDEZ GARNICA, **Meditaciones,** 28.II.1972, AGP, JHG, E-00063, p. 1. Cfr. Andrés VÁZQUEZ DE PRADA, **El Fundador del Opus Dei**, op. cit., Vol. I, pp. 550-560.

[23] Cfr. Pedro CASCIARO, **Soñad y os quedaréis cortos**, op. cit., pp. 53-54.

[24] Cfr. Diario de José Ramón HERRERO FONTANA, AGP, RHF, D-03423, anotación del 3.VI.36

[25] Cfr. Teresa y María TEMES HERNÁNDEZ, AGP, JHG, T-00060, p. 2.

[26] Cfr. José Miguel PERO-SANZ, **Isidoro Zorzano**, ed. Palabra, Madrid 1996, p. 192.

[27] Cfr. Francisco BOTELLA, AGP, RHF, T-159-II, p. 23.

[28] Cfr. Javier CERVERA, **Madrid en guerra. La ciudad clandestina. 1936-1939**, ed. Alianza Editorial , Madrid 1998, p. 51.

[29] Cfr. Gonzalo REDONDO, **Historia de la Iglesia en España. La guerra civil. 1936-1939,** ed. Rialp, Madrid 1993, Vol. II, pp. 19-36.

[30] Cfr. Fernando INCIARTE, AGP, JHG, T-00026, p .4.

[31] Cfr. Andrés VÁZQUEZ DE PRADA, **El Fundador del Opus Dei**, ed. Rialp, Madrid 2002, Vol. II, p. 41, vid. Apéndice XVII, p. 710, diario de Juan JIMÉNEZ VARGAS, día 7.X.36.

[32] Cfr. Javier CERVERA, **Madrid en guerra** op. cit., p. 51.

[33] La cárcel de San Antón era el antiguo Colegio de los Escolapios de la calle Hortaleza, requisado como cárcel el 21 de julio de 1936. Desde allí los prisioneros salían para ser asesinados en Paracuellos del Jarama. Cfr. José Luis ALFAYA, **Como un río de fuego,** op. cit., pp. 80-81. Javier CERVERA, **Madrid en guera,** op. cit., p. 80.

[34] Cfr. Fernando INCIARTE, AGP, JHG, T-00026, p. 8.

[35] Cfr. Javier CERVERA, **Madrid en guerra,** op. cit., p. 86.

[36] Cfr. Francisco BOTELLA, AGP, RHF, T-159-II, p. 22.

[37] Cfr. AGP, JHG, D-00149.

[38] Alfonso PAR BALCELLS, AGP, JHG, T-00043, pp. 7-8.

[39] Testimonio de Teresa y María TEMES HERNÁNDEZ, AGP, JHG, T-00060, p. 2.

[40] Cfr. José María HERNÁNDEZ GARNICA, AGP, IZL, T-32, n. 4.

[41] Cfr. Diario de Manuel SAINZ DE LOS TERREROS, AGP, RHF, D-0637. Anotación 5.II.36

[42] Salieron un total de 80 presos en esa expedición, 12 de los cuales eran de San Antón. Cfr. Diario de Manuel SAINZ DE LOS TERREROS, AGP, RHF, D-0637. Anotación 6.II.36.

[43] Cfr. Javier CERVERA, **Madrid en guerra,** op. cit., pp. 102-103.

[44] Cfr. Francisco BOTELLA, AGP, RHF, T-159-II, p. 21.

[45] Cfr. José María HERNÁNDEZ GARNICA, AGP, IZL, T-32, n. 4.

[46] Adela GARNICA ECHEVARRÍA, AGP, IZL, T-389, p.1.

[47] Cfr. Diario de Isidoro ZORZANO, días 12, 16, 17 de marzo, AGP, RHF, D-1122.

[48] Cfr. Pedro CASCIARO, **Soñad y os quedaréis cortos**, op. cit., p. 81.

[49] Cfr. Diario de Isidoro ZORZANO, días 14, 15 y 16 de mayo, AGP, RHF, D-1122.

[50] Cfr. Diario de Isidoro ZORZANO, día 16 de mayo, AGP, RHF, D-1122.

[51] Las autoridades eclesiásticas concedieron a algunos fieles laicos el permiso de custodiar la Eucaristía, dada la situación excepcional en que vivían los católicos. Cfr. Antonio MONTERO, **Historia de la persecución religiosa en España (1936-1939),** ed. BAC, Madrid 1961, pp.99-103.

[52] Cfr. Francisco BOTELLA, AGP, RHF, T-159-II, pp. 23-24.

[53] Cfr. Diario de Isidoro ZORZANO, día 14 de agosto, AGP, RHF, D-1122.

[54] Cfr. Teresa y María TEMES HERNÁNDEZ, AGP, JHG, T-00060, p. 3.

[55] Cfr. Francisco BOTELLA, AGP, RHF, T-159-II, p.24.

[56] Cfr. Francisco BOTELLA, AGP, RHF, T-159-II, p. 24.

[57] Cfr. Francisco BOTELLA, AGP, RHF, T-159-II, p. 24.

[58] Cfr. Javier CERVERA, **Madrid en guerra,** op. cit., pp. 104-105.

[59] Cfr. Diario de Isidoro ZORZANO, día 23 de agosto, AGP, RHF, D-1122.

[60] Cfr. Diario de Isidoro ZORZANO días 28, 29 y 30 de agosto, AGP, RHF, D-1122.

[61] José María HERNÁNDEZ GARNICA, **Meditaciones,** 21.IV.1972, AGP, JHG, E-00066, p. 1.

[62] José María HERNÁNDEZ GARNICA, **Meditaciones,** 21.IV.1972, AGP, JHG, E-00066, p. 1. Cfr. Andrés VÁZQUEZ DE PRADA, **El Fundador del Opus Dei,** op. cit., vol. II, p. 452.

[63] José María HERNÁNDEZ GARNICA, **Meditaciones,** 20.VI.1972, AGP, JHG, E-00073, p. 1.

[64] El 31 de agosto San Josemaría abandonó la Legación de Honduras. Cfr. José Miguel PERO-SANZ, **Isidoro Zorzano,** op. cit., pp. 229-230.

[65] Diario de Isidoro ZORZANO, día 5 de septiembre, AGP, RHF, D-1122.

[66] Cfr. José Luis MÚZQUIZ, AGP, RHF, D-1117, p. 32.

[67] Cfr. José María HERNÁNDEZ GARNICA, AGP, IZL, T-32, n. 5.

[68] Cfr. José María HERNÁNDEZ GARNICA, AGP, IZL, T-32, n. 5.

[69] Cfr. Teresa y María TEMES HERNÁNDEZ, AGP, JHG, T-00060, p. 3.

[70] Cfr. Fernando INCIARTE, AGP, JHG, T-00026, p. 3.

[71] Cfr. Andrés VÁZQUEZ DE PRADA, **El Fundador del Opus Dei,** op. cit., Vol. II, p. 395.

[72] Josemaría ESCRIVÁ DE BALAGUER, **Carta 27-IV-1939**, AGP, RHF, EF-390427-3.

[73] Cfr. Francisco BOTELLA, AGP, RHF, T-159-VI, pp.11-12.

[74] Cfr. Francisco BOTELLA, AGP, RHF, T-159-VI, p.16.

[75] Cfr. Alfonso PAR BALCELLS, AGP, JHG, T-00043, p. 8.

[76] Francisco BOTELLA, AGP, RHF, T-159-VII, p.11.

[77] Cfr. AGP, JHG, D-00208.

[78] Cfr. AGP, JHG, D-00201, p. 3.

[79] Cfr. José Luis MÚZQUIZ, AGP, RHF, D-4417, p. 53.

[80] Francisco PONZ, AGP, JHG, T-00044, p. 2.

[81] Cfr. José Luis MÚZQUIZ, AGP, RHF, D-4417, p. 55.

[82] Cfr. José Luis MÚZQUIZ, AGP, RHF, D-4417, p. 68.

[83] Cfr. Francisco BOTELLA, AGP, RHF, T-159-VII, p. 44.

[84] Francisco BOTELLA, AGP, RHF, T-159-VII, p. 47.

[85] Francisco PONZ, AGP, JHG, T-00044, p. 2.

[86] Cfr. José Luis MÚZQUIZ, AGP, RHF, D-4417, p. 94.

[87] Cfr. José ORLANDIS, AGP, JHG, T-00041, p. 1.

[88] Francisco PONZ, AGP, JHG, T-00044, p. 13.

[89] AGP, RHF, D-15204-10 y 11; AGP, RHF, D-15204-17.

[90] Cfr. Andrés VÁZQUEZ DE PRADA, **El Fundador del Opus Dei,** op. cit., Vol. II, pp. 467-497.

[91] José María HERNÁNDEZ GARNICA, **Meditaciones,** 20.VI.1972, AGP, JHG, E-00073, p. 1.

[92] José María HERNÁNDEZ GARNICA, **Meditaciones,** 20.VI.1972, AGP, JHG, E-00073, p. 2.

[93] José María HERNÁNDEZ GARNICA, **Meditaciones,** 25.VI.1972, AGP, JHG, E-00074, p. 1.

[94] Cfr. AGP, JHG, D-00154.

[95] Respecto a los profesores Cfr. Andrés VÁZQUEZ DE PRADA, **El Fundador del Opus Dei,** op. cit., Vol. II, pp. 604-605 y la nota 97.

[96] Cfr. Andrés VÁZQUEZ DE PRADA, **El Fundador del Opus Dei,** op. cit., Vol. II, p. 610.

[97] Pedro CASCIARO, **Soñad y os quedaréis cortos**, op. cit., p. 193. Cfr. José Luis MÚZQUIZ, AGP, RHF, D-4417, p.141.

[98] Cfr. José María HERNÁNDEZ GARNICA, **Meditaciones,** 25.VI.1972, AGP, JHG, E-00074, p. 4. Cfr. José Luis MÚZQUIZ, AGP, RHF, D-4417, p.143.

[99] Cfr. Federico REQUENA - Javier SESÉ, **Fuentes para la historia del Opus Dei,** ed. Ariel, Madrid 2002, p. 78.

[100] Cfr. José María HERNÁNDEZ GARNICA, **Meditaciones,** 25.VI.1972, AGP, JHG, E-00074, p. 3.

[101] En la Tessera Studiorum figura Meritissimus en todas las asigna-

turas excepto en Ética, Teodicea y canto litúrgico, en las que obtiene Benemeritus. AGP, JHG, D-00120

[102] Cfr. José María CASCIARO, AGP, JHG, T-00012, p. 3

[103] Citado en José Luis MÚZQUIZ, AGP, RHF, D-4417, p. 174.

[104] Salvador BERNAL, **Recuerdo de Álvaro del Portillo,** op. cit., p. 85.

[105] José María HERNÁNDEZ GARNICA, **Meditaciones,** 25.VI.1972, AGP, JHG, E-00074, pp. 2-3.

[106] Cfr. José Luis MÚZQUIZ, AGP, RHF, D-4417, p. 163.

[107] Cfr. Teresa y María TEMES HERNÁNDEZ, AGP, JHG, T-00060, p. 4. José Luis MÚZQUIZ, AGP, RHF, D-4417, p.177.

[108] Cfr. Andrés VÁZQUEZ DE PRADA, **El Fundador del Opus Dei,** op. cit., Vol. II, pp. 640 y ss.

[109] Amelia DÍAZ-GUARDAMINO, AGP, JHG, T-00015, p. 21.

[110] José María HERNÁNDEZ GARNICA, **Meditaciones,** 25.VI.1972, AGP, JHG, E-00074, p. 1.

[111] Cfr. Francisco BOTELLA, AGP, RHF, T-159-XII, p..27. Cfr. José ORLANDIS, AGP, JHG, T-00041, p. 1. Alfonso PAR BALCELLS, AGP, JHG, T-00043, p. 3.

[112] Alfonso PAR BALCELLS, AGP, JHG, T-00043, p. 4.

[113] Cfr. José Luis MÚZQUIZ, AGP, RHF, D-4417, p. 207

[114] Cfr. Francisco BOTELLA, AGP, RHF, T-159-XI, p. 15.

[115] En agosto de 1944 en Valencia, en enero de 1945 en el Colegio Mayor Moncloa. Cfr. José Luis MÚZQUIZ, AGP, RHF, D-4417, p. 181. Del 1-6.I.1946 en el Colegio Mayor Moncloa. Cfr. Afonso PAR BALCELLS, AGP, JHG, T-00043, p. 2.

[116] Cfr. José Luis MÚZQUIZ, AGP, RHF, D-4417, p. 180.

[117] Cfr. José Luis MÚZQUIZ, AGP, RHF, D-4417, p. 181.

[118] Alfonso PAR BALCELLS, AGP, JHG, T-00043, p. 1.

[119] El nombramiento se efectúa con fecha 1-X-1945 . AGP, JHG, D-00202-16.

[120] Cfr. José Luis MÚZQUIZ, AGP, RHF, D-4417, p. 282.

[121] Carmen MARCO RODRIGO, AGP, JHG, T-00032, p. 6.

[122] Encarnita ORTEGA PARDO, RHF, T-05074, pp.1-2

[123] Carmen MOURIZ GARCÍA, AGP, JHG, T-00037, p. 2.

[124] Alfonso PAR BALLCELLS, AGP, JHG, T-00043, p. 6

[125] Adelaida SÁNCHEZ REVILLA, AGP, JHG, T-00051, p. 1.

[126] Sabina ALANDES CALDÉS, AGP, JHG, T-00002, p. 2.

[127] Dorita CALVO, AGP, JHG, T-00010, p. 10.

[128] María Teresa ECHEVERRÍA, AGP, JHG, T-00019, p. 3.

[129] Dorita CALVO, AGP, JHG, T-00010, p. 10.

[130] Cfr. Andrés VÁZQUEZ DE PRADA, **El Fundador del Opus Dei,** op. cit., Vol. II, pp. 578-593.

[131] María Jesús LUNA HERVERA, AGP, JHG, T-00029, p. 2.

[132] Carmen MOURIZ GARCÍA, AGP, JHG, T-00037, p. 9.

[133] Carmen MARCO RODRIGO, AGP, JHG, T-00032, p. 7.

[134] Adelaida SÁNCHEZ REVILLA, AGP, JHG, T-00051, p. 7.

[135] Carmen GUTIÉRREZ RÍOS, AGP, JHG, T-00023, p. 4.

[136] Carmen MARCO RODRIGO, AGP, JHG, T-00032, p. 6.

[137] Amparo MARTÍN DE ROSALES, AGP, JHG, T-00033, p. 2.

[138] Gloria TORANZO, AGP, JHG, T-00057, p. 5.

[139] Florencio SÁNCHEZ BELLA, AGP, JHG, T-00049, p. 2.

[140] Cfr. José María HERNÁNDEZ GARNICA, **Perfección y laicado,** ed. Rialp, Colección Patmos de libros de espiritualidad, nº 64, Madrid 1956, 113 pp.

[141] Cfr. Florencio SÁNCHEZ BELLA, AGP, JHG, T-00049, p. 1.

[142] Amelia DÍAZ-GUARDAMINO, AGP, JHG, T-00015, p. 8.

[143] Cfr.CODEX IURIS PARTICULARIS OPERIS DEI, Tit.IV, Cap.II. en Apendice a Amadeo de FUENMAYOR, Valentín GÓMEZ IGLESIAS y José Luis ILLANES, **Itinerario jurídico del Opus Dei,** ed.Eunsa, Pamplona 1989.

[144] Cfr. Dominique LE TOURNEAU, **El Opus Dei**, ed. Oikos-Tau, Barcelona 1986, pp. 88-89. Peter BERGLAR, **Opus Dei**, ed. Rialp, Madrid 1987, pp. 260-261.

[145] Cfr. José Luis MÚZQUIZ, AGP, RHF, D-4417, p. 363.

[146] José Gabriel DE LA RICA, AGP, JHG, T-00045, p.1

[147] José María HERNÁNDEZ GARNICA, **Meditaciones,** 30.IV.1972, AGP, JHG, E-00067, p. 2.

[148] Hermann J. STEINKAMP, AGP, JHG, T-00054, p.1.

[149] Alejandro DIGÓN GUZMÁN, AGP, JHG, T-00016, p.1

[150] Alfonso PAR BALCELLS, AGP, JHG, T-00043, pp. 6-7.

[151] Eileen HOURIHAN, AGP, JHG, T-00025, p. 1.

[152] José Gabriel DE LA RICA, AGP, JHG, T-00045, p. 2.

[153] Dorita CALVO, AGP, JHG, T-00010, p. 3.

154 Para la situación creada entre los fieles, cfr. Joseph RATZINGER, **Informe sobre la fe,** ed. BAC, Madrid 1985, pp. 131-143.

155 Cfr. Luis CARRIÓN, AGP, JHG, T-00010, p. 7.

156 José María HERNÁNDEZ GARNICA, **Meditaciones,** 21.IV.1972, AGP, JHG, E-00066, p. 3.

157 José Gabriel DE LA RICA, AGP, JHG, T-00045, p. 3.

158 María Jesús LUNA HERVERA, AGP, JHG, T-00029, p. 2.

159 Cfr. Fernando INCIARTE, AGP, JHG, T-00026, 1.

160 Fernando INCIARTE, AGP, JHG, T-00026, p.2.

161 Alfonso PAR BALCELLS, AGP, JHG, T-00043, p. 7.

162 José María HERNÁNDEZ GARNICA, **Meditaciones,** 8.V.1972, AGP, JHG, E-00070, p. 2.

163 José María HERNÁNDEZ GARNICA, **Meditaciones,** 8.V.1972, AGP, JHG, E-00070, p. 3.

164 María CRUZ TABERNERO, AGP, JHG, T-00055, p. 7.

165 José María HERNÁNDEZ GARNICA, **Meditaciones,** 9.VI.1972, AGP, JHG, E-00072, p. 3.

166 Cfr. Josemaría ESCRIVÁ DE BALAGUER, **La libertad, don de Dios** en **Amigos de Dios**, ed. Rialp, Madrid 1987, n. 35.

167 José María HERNÁNDEZ GARNICA, **Meditaciones,** 9.VI.1972, AGP, JHG, E-00072, p. 2.

168 Carmen MOURIZ GARCÍA, AGP, JHG, T-00037, p. 2.

169 Amelia DÍAZ-GUARDAMINO, AGP, JHG, T-00015, p. 10.

170 Josemaría ESCRIVÁ DE BALAGUER, **Carta 9.X.1959,** AGP, RHF, EF -591009-1.

171 Josemaría ESCRIVÁ DE BALAGUER, **Carta 13.I.1967,** AGP, RHF, EF-670113-1.

172 Josemaría ESCRIVÁ DE BALAGUER, **Carta 8.VI.1964,** AGP, RHF, EF-640608-1.

173 Josemaría ESCRIVÁ DE BALAGUER, **Carta 4.XI.1964,** AGP, RHF, EF-641104-2.

174 Josemaría ESCRIVÁ DE BALAGUER, **Carta 15.XII.1969,** AGP, RHF, EF-691215-1.

175 Como Delegado de Alemania, acude a Roma en los últimos años de su vida 1.VII.67-8.VII.67; 1.IX.67-19.IX.67; 13.II.68-12.III.68; 22.VI.69-26.VI.69; 9.II.1970-14.II.70; 8.I.71-16.I.71; 8.XII.71-10.XII.71; 18.I.72-20.I.72. AGP, JHG, D-00119.

[176] Cfr. Alfonso NIETO, AGP, JHG, T-00038, p. 8.

[177] Luis CARRIÓN, AGP, JHG, T-00011, p. 9.

[178] Cfr. Guillermo SCHNELL, AGP, JHG, T-00052, p. 2.

[179] Cfr. HISTORIA CLÍNICA, pp. 2-3.

[180] Cfr. María Luisa ALCARAZ, AGP, JHG, T-00003, p. 2.

[181] Teresa y María TEMES HERNÁNDEZ, AGP, JHG, T-00060, p. 6. Cfr. José MIRALLES, AGP, JHG, T-00035, p. 1.

[182] José MIRALLES, AGP, JHG, T-00035, p. 1.

[183] Carmen MOURIZ GARCÍA, AGP, JHG, T-00037, p. 9.

[184] Cfr. José ORLANDIS, **La Iglesia Católica en la segunda mitad del Siglo XX,** ed. Palabra, Madrid 1996, pp. 96-97. Joseph RATZINGER, **Informe sobre la fe**, op,cit., p. 24.

[185] Amparo MARTÍN DE ROSALES, AGP, JHG, T-00033, p. 4.

[186] José María HERNÁNDEZ GARNICA, **Meditaciones,** 9.VI.1972, AGP, JHG, E-00072, p. 2.

[187] Cfr. Helga OHMES, AGP, JHG, T-00039, p. 3.

[188] José María HERNÁNDEZ GARNICA, **Meditaciones,** 21.IV.1972, AGP, JHG, E-00066, p. 3.

[189] Alfonso PAR BALCELLS, AGP, JHG, T-00043, p. 9.

[190] Cfr. Amelia DÍAZ-GUARDAMINO, AGP, JHG, T-00015, p. 23.

[191] Adolfo LLORENTE, AGP, JHG, T-00031, p. 5.

[192] Cfr. Carmen MOURIZ GARCÍA, AGP, JHG, T-00037, p. 6.

[193] Josemaría ESCRIVÁ DE BALAGUER, **Carta 9.II.1962,** AGP, RHF, EF-620209-1.

[194] Cfr. HISTORIA CLÍNICA, p. 1.

[195] Alfonso PAR BALCELLS, AGP, JHG, T-00043, p. 14.

[196] Cfr. HISTORIA CLÍNICA, p. 3.

[197] Alejandro DIGÓN, AGP, JHG, T-00016, p.11.

[198] Cfr. Alfonso NIETO, AGP, JHG, T-00038, p. 8.

[199] José María HERNÁNDEZ GARNICA, **Carta a Hermann J. Steinkamp,** 3.II.1972, AGP, JHG, A-00075, p. 1.

[200] Josemaría ESCRIVÁ DE BALAGUER, **Carta 20-IX-1972**, AGP, RHF, EF-720920-1.

[201] Cfr. Eusebio BAZÁN, AGP, JHG, T-00006, p. 19.

[202] Alfonso NIETO, AGP, JHG, T-00038, p. 6.

[203] Fernando INCIARTE, AGP, JHG, T-00026, p. 7.

[204] Amparo MARTÍN DE ROSALES, AGP, JHG, T-00033, pp. 4-5.

Folletos mc

Explicación breve y sencilla de los principales temas doctrinales, familiares y sociales

Últimos títulos publicados:

- 721. **¿Quieres conocer a Jesucristo?** César Aller.
- 722. **San Josemaría Escrivá de Balaguer** (2ª edición). Ethel Tolansky y Helena Scott.
- 723. **Somos hijos de Dios.** Manuel Fernández Areal.
- 724. **¿Se puede clonar hombres?** Benito Fraile Laiz.
- 725. **Las maravillas de la Gracia.** Pedro J. Lasanta.
- 726. **Mandamientos, sí, pero ¿porqué?** Francisco Muñoz.
- 727. **Tecnología y deshumanización.** Carlos Goñi.
- 728. **¿Porqué bautizar a mi hijo?** Juan Ignacio Yusta.
- 729. **Josemaría Escrivá: Vivencias y recuerdos.** Ernesto Juliá.
- 730. **Sobre todo quiero ser feliz.** Julia Sanz.
- 731. **El arte de conversar.** Mercedes Eguíbar.
- 732. **Abuelos y nietos.** Luis Riesgo y Carmen Pablo.
- 733. **Del dolor a la esperanza.** Una historia personal. José Luis Nunes.
- 734. **Cómo educar a tus hijos adolescentes.** José Manuel Mañú.
- 735. **Cómo rezar el Rosario de Juan Pablo II** (2ª edición). Efrén Lobo.
- 736. **Matrimonio y felicidad.** Tomás Melendo.
- 737. **Cara a cara con Jesús.** Jorge Miras.
- 738. **Conversiones de un santo.** Ernesto Juliá.
- 739. **Respuestas de la Virgen.** Javier Suárez-Guanes.
- 740. **Vivir la castidad es posible.** VV.AA.
- 741. **Morir es cambiar de casa.** Manuel Fernández Areal.
- 742. **Madre Teresa de Calcuta.** Miguel Ángel Velasco.
- 743. **Hacia el éxito en el matrimonio.** Amadeo Aparicio.
- 744. **El espíritu del peregrino.** Camino de Santiago. Manuel Herrero.
- 745. **Por los caminos de Europa.** Biografía de J. Mª. Hernández Garnica. José Carlos Martín de la Hoz.

EDICIONES PALABRA, S.A. - Castellana 210 - 28046 Madrid
Telfs: 91 350 77 20 - 91 350 77 39 - Fax: 91 359 02 30
www.edicionespalabra.es - ediciones@edicionespalabra.es